Nossrat Peseschkian

Der nackte Kaiser
oder
Wie man die Seele der Kinder versteht und heilt

W0389526

Denkst du an ein Jahr, so säe ein Korn!
Denkst du an ein Jahrzehnt, pflanze einen Baum!
Denkst du an ein Jahrhundert, erziehe einen Menschen!

Orientalische Weisheit

Positive Psychotherapie in Weisheiten und Geschichten

Nossrat Peseschkian

Der nackte Kaiser

oder

Wie man die Seele der Kinder versteht und heilt

Pattloch

Der Verlag dankt für die erteilten Abdruckgenehmigungen:

S. 12, 64 Martin Buber, Die Erzählungen der Chassidim,
© Manesse Verlag, Zürich 1949
S. 118 Rudolf Otto Wiemer, Wortwechsel, © Wolfgang Fietkau Verlag, Berlin
S. 152 Abdruck mit freundlicher Genehmigung durch den Autor
S. 164 Abdruck mit freundlicher Genehmigung durch den Autor

Auch wenn Verlag und Autor sich bemüht haben, alle Urheberrechte zu beachten: Irren ist menschlich, und wir könnten einmal etwas übersehen haben. Ist dies der Fall, geschah es ohne böse Absicht und wird selbstverständlich nachhonoriert.

Die Deutsche Bibliothek – CIP-Einheitsaufnahme

Peseschkian, Nossrat:
Der nackte Kaiser oder wie man Seele der Kinder versteht und heilt; positive Psychotherapie mit Weisheiten und Geschichten / Nossrat Peseschkian. – Augsburg : Pattloch, 1997
ISBN 3-629-00934-4

Pattloch Verlag, Augsburg
© 1997 Weltbild Verlag GmbH

Einbandgestaltung: S/L-Kommunikation
Mitarbeit: Dr. Hedwig Sombroek
Satz: Cicero Lasersatz GmbH, Dinkelscherben
Druck und Bindung: Wiener Verlag, Himberg
Printed in Austria

ISBN 3-629-00934-4

Inhalt

Vom ersten Schritt

Wie die Positive Psychotherapie aus Krisen Chancen macht

Eine Geschichte auf den Weg (nicht nur für Kinder und Jugendliche)

Des Kaisers neue Kleider

Es war einmal ein Kaiser. Er verstand nicht viel vom Regieren, denn er hatte nur Sinn für seine Kleider. Als zwei Betrüger von seiner Leidenschaft hörten, gingen sie zu ihm und gaben sich als Weber aus. Sie versprachen, ihm Kleider zu weben, mit den schönsten Farben und Mustern, die man je gesehen hatte und die auch noch die wunderbare Eigenschaft hätten, für jeden unsichtbar zu bleiben, der für sein Amt nicht tauge oder dumm sei. Der Kaiser hörte das gerne und er gab ihnen viel Gold und feinste Seide, damit sie ihn recht bald mit den Kleidern erfreuten.
Die angeblichen Weber stellten zwei Webstühle auf, mit denen sie Tag und Nacht so taten, als ob sie webten, aber sie hatten nichts darauf. Nach einigen Tagen wurde der Kaiser ungeduldig und wünschte, den wunderbaren Stoff zu sehen. Aber obwohl er sich für tüchtig in seinem Amt und für klug hielt, kamen ihm Zweifel, ob er den Stoff auch sehen werde. Daher sandte er zunächst seinen obersten Minister, von dem jeder wußte, daß er fähig und klug war. Der gute Minister ging zu den Betrügern und erschrak, als er auf den Webstühlen nichts erblicken konnte. Er sagte aber nichts, weil er um sein Amt fürchtete, sondern ließ sich Muster und Farben der angeblichen Stoffe genau erklären und schwärmte dem Kaiser von ihnen vor. Da verlangten die Betrüger noch mehr Gold und Seide und der Kaiser wurde nachdenklich. Weil er sich aber immer noch nicht traute, die Stoffe anzuschauen, schickte er einen weiteren Minister. Diesem konnte es nicht anders gehen als dem ersten Minister und weil auch er um sein Amt fürchtete, sprach er dasselbe wie dieser. Bald schwatzten alle Untertanen von den wunderbaren Kleidern, die der Kaiser demnächst tragen würde.
Da wollte der Kaiser die Kleider mit eigenen Augen sehen und besuchte mit dem Hofstaat die Betrüger. Die beiden Minister zeigten sogleich auf die leeren Webstühle und lobten die Pracht der Stoffe. Der Kaiser erschrak, denn er konnte natürlich nichts sehen. Aber um nicht als

unfähig oder dumm zu gelten, pflichtete er bei. So lobte der ganze Hofstaat die prächtigen Stoffe, obwohl sie niemand erkennen konnte und empfahl dem Kaiser, sie als Kleider bei der nächsten Prozession zu tragen.
Am Morgen des Tages, an dem die Prozession stattfinden sollte, ließ sich der Kaiser von den Webern die angeblichen Kleider anziehen und alle lobten sie. Die Kammerherren griffen dahin, wo die Schleppen sein sollten und der Kaiser ging durch die Stadt. So ging die Prozession und alle Menschen spendeten Beifall bis ein kleines Kind rief: „Er hat doch gar nichts an". „Hört die Stimme der Unschuld", rief sein Vater. Da tuschelte und lachte alles Volk und alle riefen: „Er hat doch gar nichts an". Erst jetzt erkannte der Kaiser den Betrug und mußte nackt die ganze Prozession aushalten. Und die Kammerherren gingen und trugen die Schleppe, die gar nicht da war.

In der Welt, und sei es nur in der Welt der Regenbogenpresse, stehen die „Kaiser" – all die Geldleute, Machthaber, Trendsetter und Helden – im Mittelpunkt der Ereignisse. In dem Märchen von Hans Christian Andersen, nacherzählt von Dr. Thomas Becker, und in unserem Buch steht das Kind im Mittelpunkt, und sehr zu recht. Kinder besitzen eine Fähigkeit, die den Erwachsenen um so mehr abzugehen scheint, je feiner die „Kleider," d.h.: je potenter, einflußreicher und älter sie werden: die Gabe zur natürlichen Äußerung der Seele, die Gabe „wahr" zu sein. An unseren Kindern können wir alles ablesen. Wir können an ihnen lesen, wie es in dieser mörderischen Zeit um die Kinder selbst bestellt ist; wir haben in ihnen einen lebendigen Parameter unseres gesellschaftlichen Zustandes. Und wir erfahren über die Kinder die ganze Wahrheit über uns. Mag sein, daß wir nackt sind. Ich lade Sie herzlich ein, Mut zu haben, den Mut zur Wahrheit. Lassen Sie uns gemeinsam in die Seele der Kinder schauen. Es ist Positive Psychotherapie im besten Sinne des Wortes.

Vorwort

„Humor ist das Salz des Lebens
und wer gut gesalzen ist, bleibt lange frisch."
Orientalische Lebensweisheit

Als Bernhard Shaw von seiner Amerikareise zurückkam, wurde er gefragt: „Was hat Sie in Amerika besonders beeindruckt?" Er antwortete: „Die Art und Weise, wie amerikanische Kinder ihre Eltern umerziehen."

Erziehung ist nicht nur Sache der Eltern, sondern aller Menschen, die in irgendeiner Art und Weise in Kommunikation mit anderen Menschen stehen und dabei gewollt oder ungewollt dauerhaften Einfluß ausüben.

Dazu zwei Beispiele:
- Vater zum Sohn: „Was machst du in einer überfüllten S-Bahn, wenn eine alte Dame einsteigt?" „Dasselbe wie du Papa, ich stelle mich schlafend."
- „Mutti kannst du 5 Mark für einen alten Mann geben?" Die Mutter ist sehr gerührt. „Du bist aber lieb, Markus. Wo ist der alte Mann?" „Er steht vor unserer Schule und verkauft Softeis."

Die heutige Situation

Erziehung ist ein Prozeß der Auseinandersetzung: sie umfaßt verschiedene Ebenen und eine Vielzahl von Parteien. Im Vordergrund steht zweifelsohne die Wechselbeziehung zwischen Eltern und Kinder, die jedoch weiter abhängt von der Auseinandersetzung der Eltern mit sich selbst und ihren Erziehungsvorstellungen, von der Beziehung der Eltern zueinander, ihren Wechselbeziehungen mit der Gesellschaft und dem Einfluß der moralischen Institutionen. Die Situation der größeren Möglichkeiten stellt sich zugleich als Situation größerer Unsicherheiten für Eltern, Lehrer und Erzieher dar. Eltern reagieren unterschiedlich: sie sind einsichtig, verunsichert oder äußern sich aus Trotz in provokatorischer Selbstsicherheit: *Wenn ich abends nach Hause komme*, so berichtete ein Vater, *sind die Kinder im Bett. Wenn sie nicht gleich schlafen wollen und mich stören, gibt es einen Klaps auf den Hintern, und dann herrscht Ruhe. Meine Frau hat endlich eingesehen, wie gut es ist, diese altbewährte Methode zu praktizieren.*

Das Problem der Unsicherheit, Ratlosigkeit und Hoffnungslosigkeit, dem sich Bezugspersonen häufig gegenübersehen, besitzt allgemeine Bedeutung.

Dieses zwingt uns, das Problem der Erziehung in dem allgemeinen Rahmen der Situation des Menschen heute, der Situation der jeweiligen Gesellschaft und der Menschheit zu sehen. Tatsache ist, daß wir in unserer Kommunikation heute weltweit eine Krise vorfinden, die das Ausmaß einer Epidemie annimmt. In der ehelichen Kommunikation erleben die Partner den Schmerz gegenseitigen Mißverstehens und Nichtbeachtens. Familien leiden unter der nahezu fehlenden oder ausgesprochen oberflächlichen Art der Kommunikation zwischen Eltern und Kindern.

Konsequenzen

Wenn man das positive Menschenbild und die positiven Aspekte einer Krankheit außer acht läßt, braucht man sich über die Konsequenzen nicht zu wundern: daß zum Beispiel die Eltern ihre Kinder frühzeitig von zu Hause vertreiben oder Jugendliche mit ihren Eltern und den Erwachsenen nichts mehr zu tun haben wollen.

Wir legen in unserer Arbeit vielmehr den Schwerpunkt auf die Frage, welche Bedeutung für den Patienten und seine Familie eine therapeutische Maßnahme hat und wie sie sich auf den Verlauf der Krankheit auswirkt. Dieser Ansatz bezieht sich auf die Tatsache, daß alle Menschen edel erschaffen wurden und daher die Möglichkeit erhalten müssen, ihr edles Wesen zu entfalten, ihre verborgenen Eigenschaften sichtbar zu machen, ihre kreativen Fähigkeiten zu entwickeln und ihre Integrität zu bewahren. Darin liegt auch der grundsätzliche Anspruch der Positiven Psychotherapie, nämlich den Menschen zu dem zu befähigen, was er seinem Wesen nach besitzt, und ihn an seine Chance und Fähigkeiten zu erinnern, die ihm innewohnenden therapeutischen Möglichkeiten und Selbsthilfemöglichkeiten zu nutzen und seine Unterscheidungsfähigkeit zu verfeinern.

Danksagungen

Vielen Patienten schulde ich Dank für Erkenntnisse, die ich im Verlauf meiner Arzttätigkeit erhalten habe. Auch die Diskussion mit Kollegen im Rahmen des Wiesbadener Weiterbildungskreises für Psychotherapie und Familientherapie (WIPF) seit 1977 hat mein Konzept erweitert. Besonderen Dank möchte ich meiner Kollegin und Mitarbeiterin Frau Dr. med. Hedwig Sombroek, Ärztin und Psychotherapeutin, für die vertrauensvolle Zusammenarbeit, ihre Impulse, die umfassende Durchsicht dieses Manuskriptes und die damit verbundenen wertvollen Denkanstöße aussprechen.

Meinen Mitarbeiterinnen Diplom-Pädagogin Christiane Müller, Frau Karin Elsner, Frau Hanne Scherer und Herrn Ramin Peseschkian danke ich für ihre vielfältigen Unterstützungen. Dem Pattloch Verlag danke ich für die ausgezeichnete Zusammenarbeit und für die sehr gute Gestaltung des Buches. Mein besonderer Dank gilt auch dem S. Fischer Verlag für die vielfältigen Ermutigungen und Unterstützungen. Zuletzt möchte ich meiner Frau Manije, die als Familientherapeutin arbeitet, und unseren Söhnen Hamid und Nawid mit ihren Frauen und Kindern Barbara und Shida, Leyla und Tara nicht nur für die Anregungen danken, die ich von ihnen empfangen durfte, sondern auch für das Verständnis, das sie mir und meiner Arbeit entgegengebracht haben.

Während dieses Buch auf Erziehungsprobleme eingeht, befassen sich meine Bücher *Psychosomatik und Positive Psychotherapie* (erschienen im Springer-Verlag und Fischer Verlag), *Positive Psychotherapie*, *Psychotherapie des Alltaglebens*, *Der Kaufmann und der Papagei* (erschienen als Taschenbücher beim S. Fischer Verlag) vorrangig mit psychotherapeutischen Fragestellungen und Selbsthilfe, so daß letztlich ein Buch das andere ergänzt. Daher wurden an manchen Stellen bestimmte Ansätze zur Verdeutlichung des Themas aus meinen früheren Arbeiten einbezogen.

Seit 1974 bereitet der Wiesbadener Weiterbildungskreis für Psychotherapie und Familientherapie (WIPF) unter meiner Leitung eine Wirksamkeitsstudie im Sinne einer Qualitätssicherung vor. In Form einer Vorstudie, in der 1400 Patienten untersucht wurden, entstand ein Test, das Wiesbadener Inventar zur Positiven Psychotherapie und Familientherapie (WIPPF), der in die laufende Wirksamkeitsstudie zur Qualitätssicherung der Positiven Psychotherapie (PPT) integriert wurde. Seit Juli 1995 wird diese Studie intensiv durchgeführt. Diese Studie hat folgende Ergebnisse zutage gebracht:

Mit Positiver Psychotherapie behandelte Patienten zeigen im Vergleich zur Kontrollgruppe eine deutliche Reduzierung ihrer Symptomatik sowie ein höheres Ausmaß an Veränderungen des Erlebens und Verhaltens nach Abschluß ihrer Therapie. Außerdem weist der Querschnittsvergleich zwischen den PPT-Patienten, die in therapeutischer Behandlung waren, und den PPT-Patienten, die nach Abschluß ihrer Behandlung drei bis fünf Jahre später untersucht wurden, auf eine zeitliche Stabilität der nachgewiesenen Effekte hin. Dieses Ergebnis gilt für den Zeitraum von fünf Jahren nach Beendigung der Therapie.

Wiesbaden, im Mai 1997 *Nossrat Peseschkian*

Vom mühsamen Weg ins Leben

✳

Wie die Positive Psychotherapie Kinder und ihre Eltern stark macht

Zwölf Bausteine für eine Positive Familientherapie

„Durch Eintracht wachsen die kleinen Dinge, durch Zwietracht zerfällt oft das Größte." (Sallust)

Wo wohnt Gott?

Als Rabbi Jizchak Meïr ein kleiner Junge war, brachte ihn seine Mutter einmal zum Maggid von Kosnitz. Da fragte ihn jemand: „Jizchak Meïr, ich gebe dir einen Gulden, wenn du mir sagst, wo Gott wohnt." Er antwortete: „Und ich gebe dir zwei Gulden, wenn du mir sagen kannst, wo er nicht wohnt."

Martin Buber

Wer ist gesund?

Allgemein hegt man die Vorstellung, daß der Patient die Krankheit verkörpert, während der Arzt oder Therapeut die Institution der Gesundheit darstellt. Man verkennt dabei sowohl die Rolle des Patienten als auch die des Arztes. Der Patient hat beides in sich, die Fähigkeit zur Krankheit *und* zur Gesundheit. Der Therapeut dagegen besitzt *eine* Funktion; seine Aufgabe ist es, die Krankheit und Gesundheit des Patienten zu regulieren. Der Arzt kann auf die Krankheitsbereitschaft einwirken, aber auch die Fähigkeit zur Gesundheit mobilisieren und stabilisieren. Diese Aufgabe ist das vorrangige Ziel einer vorbeugenden

Medizin und Psychohygiene. Diese Einseitigkeit ist geschichtlich-kulturell bedingt. Sie ließe sich vermindern, wenn wir bereit wären, andere Denkmodelle einzubeziehen. Diese geben den Krankheitsbegriffen unterschiedliche Bedeutung und legen alternative Behandlungsstrategien nahe. Die *Positive Psychotherapie* berücksichtigt neben den gestörten Bereichen die dem Individuum und der Familie innewohnenden Fähigkeiten. Positiv bedeutet hier entsprechend seiner ursprünglichen Bedeutung (lat. positum) das Tatsächliche, das Vorgegebene. Tatsächlich und vorgegeben sind *nicht* notwendigerweise die Konflikte und Störungen, sondern die Fähigkeiten, die jeder Mensch mitbringt. Unter dem therapeutischen Gesichtspunkt interessieren uns vor allem die Fähigkeit zur Konfliktverarbeitung und zur Selbsthilfe.

Das positive Vorgehen besagt: Jeder Mensch verfügt über eine Anzahl von Fähigkeiten; jede Störung und Krankheit erfüllt für den Betroffenen und seine soziale Umgebung bestimmte Funktionen, das heißt, sie besitzen positive Züge. Vom Symptom kommen wir zum Konflikt.

Wir alle sind von Konflikten, Problemen und Schwierigkeiten im Verhältnis zu uns selbst, zu unserem Partner, zu unseren Mitmenschen und schließlich zu unseren Lebenszielen betroffen.

Gesund ist aber nicht jemand, der keine Probleme hat, sondern derjenige, der in der Lage ist, mit ihnen angemessen umzugehen.

Was Menschen gemeinsam haben und was sie voneinander unterscheidet

Indem die Positive Psychotherapie sich mit elementaren menschlichen Fähigkeiten beschäftigt, ist sie in der Lage, Menschen aller Sprachen und sozialen Schichten anzusprechen und transkulturelle Probleme wirksam zu verarbeiten. Dieser Ansatz setzt eine Antwort auf die beiden Grundfragen voraus:

Was haben alle Menschen gemeinsam?
Wodurch unterscheiden sich die Menschen?

- Die Grundfähigkeiten (d. h. die Liebes- und Erkenntnisfähigkeit) bilden das Fähigkeitspotential, das jeder Mensch unabhängig von seiner körperlichen und seelischen Gesundheit und seiner sozialen Situation besitzt. Sie sind die Basis der menschlichen Beziehungen und die Bereiche, in denen Menschen trotz aller individuellen und kulturellen Unterschiede Gemeinsamkeiten finden können.
- Die Aktualfähigkeiten (primäre und sekundäre Fähigkeiten, z. B. Liebe, Zutrauen, Hoffnung und Pünktlichkeit, Ordnung, Sauberkeit) sind die psycho-

sozialen Normen, als deren Vermittler die Familie auftritt und die den Familienmitgliedern Spielregeln ihres Zusammenlebens geben. In der familientherapeutischen Praxis werden sie mit Hilfe des Differenzierungsanalytischen Inventars (DAI) erfaßt. Dieses gibt die inhaltlichen Bedingungen individueller, familiärer und sozialer Konflikte wieder.

- Die vier Formen der Konfliktverarbeitung bieten einen Einstieg in das bisher vertretene Krankheitskonzept. Wenn wir einseitige Formen der Konfliktverarbeitung als eingeschränkten Realitätsbezug ansehen, ermöglicht dieses Modell, den Realitätsbezug zu kontrollieren und zu erweitern.
- Die vier Vorbild-Dimensionen beziehen sich auf die Lebensgeschichte der Patientenfamilie und dienen als Leitlinie bei der Reise in die Vergangenheit.

Eltern vermitteln als primäre Bezugspersonen in ihrem Erziehungsverhalten bestimmte Muster psychosozialer Normen. Dabei stehen einzelne Aktualfähigkeiten im Vordergrund ihrer Erziehungsbemühungen, andere werden dafür vernachlässigt und geraten aus dem Blick. Beispielsweise wenn ein Kind auf Höflichkeit erzogen wird, lernt es nicht, offen und ehrlich seine Meinung zu sagen oder umgekehrt. Sowohl die überbetonten als auch die unterentwickelten Fähigkeiten werden zu Konfliktquellen, die zu einem wesentlichen Teil die familienspezifischen Einstellungs- und Verhaltensmuster widerspiegeln.

Drei Grundprinzipien zwischenmenschlicher Beziehungen

Die drei Interaktionsstadien sind ein Modell für Beziehung und Kommunikation, das inhaltlich durch die Aktualfähigkeiten beschrieben wird. Erziehung erfolgt in einem wechselseitigen Prozeß, in dem die Erwartungen der Eltern mit den Entwicklungsbedingungen des Kindes zusammenstoßen. Je nach Situation werden dann bestimmte Akzente gesetzt hinsichtlich Verbundenheit – Unterscheidung – Ablösung. Alle Erziehungsprobleme lassen sich in ihren Grundzügen mit diesen Interaktionskategorien beschreiben. Einschränkungen oder Fixierungen in einzelnen Bereichen können zu Störungen führen.

Familie

Verhaltensstörungen bei Kindern sind nur verständlich innerhalb der Bezugsgruppe Familie. Das Kind spielt hier häufig die Rolle des Symptomträgers, des Sündenbocks oder des schwarzen Schafs, was letztlich Ausdruck der Kommunikationsstörung innerhalb der Familie ist.

Therapie

Die Psychotherapie des Kindes bezieht sich primär auf die Eltern und dabei vor allem auf die Mutter. Mit Hilfe des Therapeuten werden die Eltern, bzw. die Mutter *zum Therapeuten des Kindes* und der Familie gemacht. Der Einfluß des Therapeuten auf das Kind erstreckt sich im wesentlichen auf eine differenzierende Kommunikation, eine Motivierung zur beiderseitigen Zusammenarbeit und über die Geschichten und Sprachbilder zur Anregung von intuitiven und phantasievollen Alternativlösungen. In manchen Fällen werden geeignete Medikamente zur Unterstützung eingesetzt.

Kompetente Hilfe für die Eltern

Die psychotherapeutische Behandlung der Eltern verfolgt zwei Ziele:

- Konflikte, die die Eltern untereinander haben (Eheschwierigkeiten, berufliche Konflikte, soziale Probleme) sind Gegenstand der Beratungen.
- Probleme und Störungen, die im Verhältnis der Eltern zu ihrem Kind bestehen, werden behandelt.

Dabei laufen beide Ziele ineinander und finden im Rahmen der fünfstufigen Behandlung umfassend Beachtung.

Familiengruppe

Zentrales Element der Positiven Familientherapie ist die Einrichtung einer Familiengruppe, in der regelmäßig die auftretenden Probleme besprochen werden können. Parallel dazu wird die notwendige Einigkeit der Eltern in der Elterngruppe erzielt. Der Therapeut hat dabei die Rolle des Beraters und Moderators.

Das soziale Umfeld

Die Psychotherapie im Sinne der Erziehungskorrektur und Nachreifung vollzieht sich nicht nur im Verhältnis von Eltern und Kind, sondern betrifft zu einem wesentlichen Teil auch das soziale Umfeld der betroffenen Familie. Dazu rechnen nicht nur die Verwandten, Freunde und Nachbarn, sondern vor allem auch die Erzieher beispielsweise im Kindergarten und in der Schule. Erzieherische Vorbildfunktion können aber auch Leiter von Jugendtreffs und Sportgruppen haben. Auch alle anderen „Helfer“ wie der Hausarzt und die meist schon involvierten unterschiedlichsten Psycho- und Physiotherapeuten sollten zum Wohle des Kindes einbezogen werden.

Konflikt als Chance

Jede Konfliktsituation mit Kindern ist für die Eltern und Bezugspersonen auch immer eine große Herausforderung und eine doppelte Chance. Eltern können einerseits durch die Konfrontation mit ihren Kindern ihre *eigenen* Konzepte hinterfragen und erweitern. Andererseits können sie Kontakt zu ihrer eigenen Kindheit aufnehmen und so wieder zu Bereichen, die im erwachsenen Ich verschüttet waren, in Beziehung treten (z.B. Phantasie und Intuition).

Die fünfstufige Positive Familientherapie ist eine therapeutische Strategie, innerhalb derer Familientherapie und Selbsthilfe sinnvoll aufeinander bezogen sind. Die Patientenfamilie wird schrittweise in die Selbsthilfe eingeführt: *Wenn du eine hilfreiche Hand brauchst, suche sie am Ende deines eigenen Armes.*

„Kleinigkeiten"

Nur ein relativ geringer Teil der Verhaltensauffälligkeiten entsteht aus grober Vernachlässigung der Kinder oder aus großen traumatischen Erlebnissen. Ursachen sind eher die sich anhäufenden „Kleinigkeiten" (= Mikrotraumen), die schließlich eine unverhältnismäßig große charakterformende Wirkung haben. Während größere seelische Ereignisse von jedem gesehen werden, werden die vielen kleinen auf das Kind einstürmenden Reize und Anforderungen von den Erziehern gar nicht mehr wahrgenommen. Dabei geben diese meist das weiter, was ihnen selbst als Inhalt der Erziehungsnormen in der eigenen Kindheit widerfuhr.

Wenn sich die Mutter beispielsweise tagtäglich über die Unordnung des Kindes ärgert, ist damit keinem der beiden geholfen. Hier wäre es günstiger, wenn die Mutter lernte, wie sich das Ordnungsverhalten eines Kindes entwickelt, und wenn sie begreifen könnte, daß es unterschiedliche Begriffe von Ordnung gibt. Für das Kind wäre es oft günstiger, wenn es nicht nur kritisiert, sondern ihm auch gesagt und vorgelebt würde, wie es sich tatsächlich besser verhalten könnte.

Mißverständnisse

Viele Erziehungsprobleme und Verhaltensstörungen sind Ausdruck von Mißverständnissen. Unterschiedliche Ansichten und Einstellungen zu Problemen führen zu Konflikten, weil jeder Mensch sich aufgrund seiner Erfahrungen seine individuelle Realität schafft. So treffen in einer Familie schon zwei Erfahrungswelten aufeinander, die nur durch Kommunikation und Toleranz bewältigt werden können. Im Zuge der Grenzöffnungen und der Globalisierung müssen zunehmend auch unterschiedliche transkulturelle Aspekte in der Erziehung berücksichtigt werden.

Geschichten, Anekdoten und Sprachbilder

Die Medien der Phantasie und Intuition sind unentbehrliche Werkzeuge der Positiven Familientherapie. Ebenso wie transkulturelle Beispiele dienen Geschichten dazu, Distanz zu den Problemen und Alternativen aus einem Standortwechsel zu vermitteln, aber auch die Dynamik zu erfassen. Und gerade die Kinder können zu einer altersgerechten Mitarbeit motiviert werden. Sie verstehen meist sehr schnell, worum es geht und bleiben besser bei der Stange. Denn Parabeln sind Bilder in Sprache. Und bekanntlich denkt der Mensch nicht nur in abstrakten und theoretischen Begriffen. Diese Erkenntnis führte mich dazu, das bildhafte Denken und damit mythologische Geschichten und Fabeln als Verständnishilfen in den therapeutischen Prozeß einzubeziehen. Ein weiteres Anliegen war es, die Weisheiten und intuitiven Gedanken des Orients mit den neuen psychotherapeutischen Erkenntnissen des Okzidents zu vereinen.

Lebensweisheiten und Anekdoten

Der Pessimist sieht in jeder Chance ein Problem, der Optimist sieht in jedem Problem eine Chance. (Positive Psychotherapie)
Fange nie an aufzuhören, höre nie auf anzufangen.
(Positive Psychotherapie)
Es ist einfacher einen Atomkern zu spalten, als zwei Herzen zusammenzuschmieden. (Albert Einstein)
Wer die anderen neben sich klein macht, ist nie groß.
(Johann Gottfried Seume)
Wer lächelt, statt zu toben, ist immer der Stärkere.
(Japanisches Sprichwort)
Manche Menschen bauen zu viele Mauern und zu wenig Brücken.
(Isaac Newton)

„Na haben sich deine Eltern über die Vase gefreut, die ich ihnen geschenkt habe?“ „Ja, bestimmt, Tante Helga.“ „Was haben sie denn gesagt?“ „Das trifft sich aber gut – Oma hat bald Geburtstag.“

Das positive Menschenbild in der Erziehung

Der Erzieher als Gärtner

Die Arbeit des Erziehers gleicht der eines Gärtners, der verschiedene Pflanzen pflegt. Eine Pflanze liebt den strahlenden Sonnenschein, die andere den kühlen Schatten; die eine liebt das Bachufer, die andere die dürre Bergspitze. Die eine gedeiht am besten auf sandigem Boden, die andere auf fettem Lehm. Jede muß die ihrer Art angemessene Pflege haben, andernfalls bleibt ihre Vollendung unbefriedigend.

'Abdu'l-Bahá

Erziehungsprinzipien

„Die Milch muß im richtigen Verhältnis gegeben werden. Es ist die Milch, die den Säugling kräftig, damit er später imstande ist, feste Speisen zu verdauen" (Bahá'u'llah). Die Prinzipien der Erziehung waren von jeher von den Vorstellungen des Menschenbildes abhängig, das in dem entsprechenden Zeitalter Gültigkeit besaß. In dieses Menschenbild fließen die Erfahrungen ein, die man mit Eltern und Mitmenschen macht, ebenso wie die Erfahrungen, die aus der Tradition übernommen werden und die von den gesellschaftlichen und religiös-weltanschaulichen Wertvorstellungen abhängig sind.

Dem Konzept der Positiven Psychotherapie liegt die Auffassung zugrunde, daß jeder Mensch *zwei Grundfähigkeiten* besitzt, die Erkenntnisfähigkeit und die Liebesfähigkeit. Beide gehören zum Wesen eines jeden Menschen und werden abhängig von den Bedingungen seines Körpers (biologische Faktoren), seiner Umwelt (soziale Dimension) und dem Zeitgeist (weltanschauliche Dimension) entwickelt. Unverwechselbare Muster von Wesenszügen und Verhaltensweisen prägen je nach Differenzierung dieser Grundfähigkeiten die jeweilige Persönlichkeit. Aus diesen beiden Grundfähigkeiten entfalten sich im Laufe der Entwicklung alle anderen Fähigkeiten. Die *Liebesfähigkeit* ist der Bereich der Emotionalität, der Gefühle und Triebe. Als Ausdruck der zwischenmenschlichen Beziehungen umfaßt er die Fähigkeiten zu lieben und geliebt zu werden. Mit

Hilfe der *Erkenntnisfähigkeit* strukturieren wir unsere Erlebnisse; wir stellen Fragen, suchen Antworten und sind in der Lage zu lernen und Erfahrungen weiterzugeben. Während die Religionen den Anspruch erheben, Sinn zu geben (Sinngebung), und auch Verbindlichkeiten dafür fordern, kommt der Wissenschaft in ihrer weitesten Bedeutung die Aufgabe zu, diesen Sinn zu finden (Sinnfindung).

Aus der Liebesfähigkeit entwickeln sich die primären Fähigkeiten und aus der Erkenntnisfähigkeit die sekundären Fähigkeiten. Die primären und sekundären Fähigkeiten bezeichnen wir als Aktualfähigkeiten.

Lieben und geliebt werden

„Das Lächeln, das du aussendest, kehrt zu dir zurück", sagt eine orientalische Lebensweisheit. Die *Liebesfähigkeit* ist der Bereich der Emotionalität, der Gefühle und der Triebe. Sie ist die Hauptausdrucksform zwischenmenschlicher Beziehungen. Sie umfaßt die Fähigkeiten, zu lieben und geliebt zu werden. Die Liebesfähigkeit ist nicht gleichgültig gegenüber dem, worauf sie sich richtet: Wenn wir etwas lernen, erwerben, schaffen, hängt der Zweck und der Sinn dieser Tätigkeit davon ab, für was und wen dies geschieht: Für uns selber? Für unseren Partner und unsere Angehörigen? Für unsere Interessengruppen, Staaten?

Die Liebesfähigkeit führt in ihrer weiteren Entwicklung zu den *primären Fähigkeiten* wie Liebe, Vorbild, Geduld, Zeit, Kontakt, Sexualität, Vertrauen, Zutrauen, Hoffnung, Glaube, Zweifel, Gewißheit und Einheit. Liebe, eine emotionale Beziehung, ist durch ein wechselseitiges Verhältnis von Geben und Nehmen gekennzeichnet. In der frühesten Form tritt sie in der Beziehung zwischen Mutter und Kind (primäre Zwei-Menschen-Beziehung) auf. Das Kind braucht während der Kindheit die emotionale Zuwendung und die Befriedigung seiner vitalen Bedürfnisse durch eine Bezugsperson, gewöhnlich die Mutter, die als Vorbild dient und Geduld und Zeit aufbringt. Auf dieser elementaren Stufe entwickelt das Kind ein grundlegendes Vertrauen oder, sofern mangelnde Bedürfnisbefriedigung vitale Ängste in den Vordergrund rückte, die Einstellung des Mißtrauens. Das Nehmen besitzt für das Kind ganz natürlich den Vorrang vor dem Geben. Die Eltern, in der weiteren Entwicklung auch andere Bezugspersonen, wie Geschwister, Großeltern, Verwandte, das soziale Umfeld mit der jeweiligen Weltanschauung unterstützen die in dem Kind als Fähigkeit vorhandene Liebe oder unterdrücken sie, so daß es später scheint, als sei zuwenig von dieser Fähigkeit vorhanden, oder es zur Umkehrung der positiven emotionalen Beziehung in Mißtrauen, Neid und Haß, destruktive Aggressionen und Ängste kommt.

Die Wirklichkeit begreifen

Jeder Mensch versucht, die Zusammenhänge in der Wirklichkeit zu erkennen. Er fragt, warum ein Apfel zu Boden fällt, warum ein Baum wächst, warum die Sonne scheint, warum ein Auto fährt, warum es Krankheiten und Leid gibt, warum der Mond scheint, warum das elektrische Licht leuchtet, warum wir uns im Spiegel sehen können, warum es im Winter schneit, warum man denken kann, warum man durch das Telefon über weite Entfernungen sprechen kann.

Er interessiert sich dafür, was er eigentlich ist, woher er gekommen ist, wohin er gehen wird. Die Eigenart des Menschen, solche Fragen zu stellen und Antworten darauf zu suchen, ist die *Erkenntnisfähigkeit.* Erzieherisch baut sie auf der Wissensvermittlung auf. Die Erkenntnisfähigkeit gliedert sich in die einander ergänzenden Fähigkeiten, zu lernen und zu lehren, d.h., die Fähigkeiten, Erfahrungen zu machen und sie weiterzugeben.

Aus der Erkenntnisfähigkeit entwickeln sich die *sekundären Fähigkeiten*, wie Pünktlichkeit, Ordnung, Sauberkeit, Höflichkeit, Ehrlichkeit, Sparsamkeit, Gerechtigkeit, Zuverlässigkeit. So können beispielsweise Pedanterie, Unordnung, ritualisierte Sauberkeit, Unsauberkeit, übertriebene Pünktlichkeitsforderungen, Unpünktlichkeit, zwanghafte Gewissenhaftigkeit oder Unzuverlässigkeit außer zu sozialen Konflikten auch zu psychischen und psychosomatischen Problemen und Erkrankungen führen.

> *„Wenn ich erfahre, daß in der Schule eine Rechenarbeit geschrieben wird, verspüre ich innere Unruhe, so lange, bis meine Tochter Renate (neun Jahre) mit der Zensur nach Hause kommt. Ist die Arbeit gut ausgefallen, löst sich die Unruhe auf. Kommt ein schlechtes Ergebnis heraus, empfinde ich richtige Herzschmerzen.“* (32jährige Mutter von drei Kindern mit Herzbeschwerden und Kreislaufstörungen)

Jedes Kind ist gut

Religionen, Kulturen, Ahnen, Eltern und kulturelle Institutionen, Träger der Aktualfähigkeiten, hängen somit von den historischen wie von den herrschenden gesellschaftlichen Bedingungen ab. Die Erkenntnis- und Liebesfähigkeit dagegen gehören zum Wesen eines jeden Menschen.

Die Hypothese dieser beiden Grundfähigkeiten bedeutet nichts anderes als die Feststellung: Der Mensch ist seinem Wesen nach gut. Dies gilt unabhängig von Rasse, sozialer Klasse und Typenpsychologie. Nicht nur der Gesunde besitzt die Grundfähigkeiten, sondern auch der Kranke, dessen körperliche und seelische Funktionen gestört sind. Werden diese Fähigkeiten in ihrer Entwicklung gehemmt, vernachlässigt oder nur einseitig ausgebildet, entstehen – verdeckt oder offen – Konfliktbereitschaften. Mit anderen Worten: Es gibt von Natur aus *keine* schlechten Menschen. Wenn wir jemanden nicht ausstehen können, kann dies darauf beruhen, daß er anders aussieht, als wir es uns gewünscht haben. Wenn wir jemanden verabscheuen, uns von ihm distanzieren und uns über ihn ärgern, so kann das darauf zurückzuführen sein, daß er nicht unsere Meinung vertritt, uns gegenüber nicht höflich genug ist, uns warten läßt oder unzuverlässig ist. Wenn wir einen Menschen nicht mögen, so kann es daran liegen, daß er uns einmal enttäuscht hat, andere mit ihm schlechte Erfahrungen machten und wir ihm deshalb unser Vertrauen entzogen haben. Den Häßlichen jedoch können wir nicht hassen, weil er häßlich ist, den Unhöflichen, weil er unhöflich ist, und den Unzuverlässigen nicht wegen seiner Unzuverlässigkeit. Manche, die uns unhöflich erscheinen, haben die Höflichkeit, die wir fordern, einfach noch nicht gelernt, oder wir können ihre besondere Art von Höflichkeit nicht verstehen. Manche, denen wir das Vertrauen entzogen haben, verdienen unser Vertrauen in anderen Bereichen und zu einer anderen Zeit. Auch hat die erreichte Zivilisation absolut nichts mit dem Wesen des Menschen zu tun. Unsere Vorfahren kannten keine Kleider, benutzten ihre Hände statt eines Eßgeschirrs, besuchten weder Schulen noch Universitäten und waren doch Menschen und uns trotz aller geschichtlicher Unterschiede gleichwertig, genauso wie diejenigen Menschen unserer Tage, die auf einem anderen Entwicklungsniveau stehen und andere Normen vertreten. Auch wir haben erst Sauberkeit, Pünktlichkeit und Leistungsbereitschaft gelernt, auf die wir so stolz sind, obwohl sie nicht wenige Konfliktmöglichkeiten mit sich bringen.

Was kann ein Neugeborenes?

Forscher haben entdeckt, daß ein Baby noch viel intelligenter ist, als wir ohnehin schon wissen. Es sieht, hört, riecht und versteht. Es drückt sich aus und reagiert. Damit ist das Vorurteil, daß Babys „blind“ seien und nichts könnten außer schreien, trinken und schlafen, endlich widerlegt.

Konsequenzen

Aus der Annahme dieser Grundfähigkeiten für jeden Menschen leiten sich zwei grundsätzliche Folgerungen ab: 1. Der Mensch ist seinem Wesen nach gut, was unabhängig von sozialem Status oder Nationalität gilt. 2. Ein Kind ist kein unbeschriebenes Blatt, sondern es gleicht eher einer Blume, in deren Samen alle Möglichkeiten zur Entwicklung angelegt sind. Und so wie die Blume die Pflege des Gärtners braucht, der für einen guten Nährboden, Licht, Stützstäbe und Wasser sorgt, benötigt jedes Kind Eltern, die ihre Erziehungsaufgabe darin sehen, ihnen für ihr Aufwachsen einen guten Boden zu bereiten und Halt zu geben. Wichtig ist dabei, ein Kind nicht nur mit seinen gegenwärtigen Fähigkeiten zu akzeptieren, sondern in ihm zugleich auch die Möglichkeiten zu sehen, die es zukünftig entwickeln könnte.

Lebensweisheiten und Anekdoten

Der Mensch ist wie ein Bergwerk voller Edelsteine, die man ausgraben und schleifen kann. (Orientalische Lebensweisheit)

Man könnte erzogene Kinder gebären, wenn die Eltern erzogen wären. (Johann Wolfgang von Goethe)

Der Mensch gleicht einer Ananas, außen mit rauher Schale und innen von erlesener Süße. (Orientalische Weisheit)

Vielmehr Kinder leiden an einem zuviel als einem zuwenig. (Johannes Müller)

Ein Kompromiß, das ist die Kunst, einen Kuchen so zu teilen, daß jeder meint, er habe das größte Stück bekommen. (Lebensweisheit)

Heute ist immer der Tag, an dem deine Zukunft beginnt. (Hans Kudszus)

Das Betragen ist ein Spiegel, in welchem jeder sein Bild zeigt. (Johann Wolfgang von Goethe)

Das Reden tut dem Menschen gut, besonders, wenn er's selber tut. (Wilhelm Busch)

Man gibt Ratschläge, aber die Ausführung bringt man keinem bei. (La Rochefoucauld)

Mensch, was du liebst, in das wirst du verwandelt werden. Gott wirst du, liebst du Gott, und Erde, liebst du Erden. (Angelus Silesius)

Hat man einem Kind etwas versprochen, so soll man es halten. Sonst lernt es lügen. (Talmud)
Aus einer Krähe wird niemals eine Taube. (aus Bulgarien)
Der Erzieher muß also vor allem feine Lebensart besitzen; denn ein junger Mensch, dem von seinem Erzieher nur diese Eigenschaft mitgeteilt worden ist, hat schon sehr viel voraus. (John Locke)
Das Leiden ist schon halb geheilt, hat man es andern mitgeteilt. (Eugen Roth)

Ein Vater zum Lehrer: „Nicht wahr, mein Sohn hat doch viele originelle Einfälle?" „Oh ja," stöhnt der Lehrer, „besonders in der Rechtschreibung."
Der Sohn kommt wie frisch im Dreck gesuhlt nach Hause. Schimpft der Vater: „Wie siehst du aus, du Ferkel? Du weißt doch, was ein Ferkel ist?" „Ja, das Kind von einem Schwein."

Die Kraft der Vorbilder

„Ein Tropfen Liebe ist mehr als ein Ozean aus Wille und Verstand.“ (Blaise Pascal)

Von Nähe und Distanz

Eine Gesellschaft Stachelschweine drängte sich an einem kalten Wintertage recht nahe zusammen, um durch die gegenseitige Wärme sich vor dem Erfrieren zu schützen. Jedoch bald empfanden sie die gegenseitigen Stacheln, welche sie dann wieder voneinander entfernte. Wenn nun das Bedürfnis der Erwärmung sie wieder näher zusammenbrachte, wiederholte sich jenes zweite Übel, so daß sie zwischen beiden Leiden hin und her geworfen wurden, bis sie eine mäßige Entfernung voneinander herausgefunden hatten, in der sie es am besten aushalten konnten.
Und diese Entfernung nannten sie Höflichkeit und feine Sitte.

Arthur Schopenhauer

Orientierung für ein Kind

Eine wesentliche Dimension des menschlichen Lebens ist die Liebesfähigkeit, die auf der Fähigkeit aller Menschen zur Beziehungsaufnahme beruht. Sie entwickelt sich in den sozialen Strukturen der Primärfamilie und beschreibt verschiedene Gestaltungsmöglichkeiten der Emotionalität. Die Entwicklung einer Persönlichkeit wird dabei ganz entscheidend von dem familiären Beziehungsmuster geprägt, in dem ein Mensch aufwächst und das sich in seinem Erleben widerspiegelt. Die Erfahrungen, die ein Kind mit seinen Bezugspersonen hinsichtlich der Vorbildfunktion macht, führen im Sinne der Identifikation mit dem Modell zur Nachahmung erwünschter oder auch zum Unterlassen unerwünschter Verhaltensweisen. Diese prägenden Beziehungen in der Ursprungsfamilie werden beschrieben durch:

- Die Beziehung der Eltern und Geschwister zum Kind, die dann in den aktuellen Gegenwartsbeziehungen dem „Ich“ entspricht.
- Die Beziehung der Eltern untereinander als dem „Du“.
- Die Beziehung der Eltern zu ihrer sozialen Umwelt als dem „Wir“.
- Die Beziehung der Eltern zur Religion und Weltanschauung, was dem „Ur-Wir“ entspricht.

In der Familie entwickeln sich die Medien der Liebesfähigkeit, die zur Gestaltung aller zwischenmenschlichen Interaktionen innerhalb und außerhalb der Familie führen. Auf diesem Wege tragen sie dazu bei, wie sich ein Mensch in einer Gruppe bewegen kann und welche Qualität seine Kontakte haben werden.

Erfahrungen mit der Ursprungsfamilie werden durch die eigenen Erfahrungen mit der sozialen Umwelt im Laufe des Lebens ergänzt. Bei einer gestörten Entwicklung können sich die beiden Dimensionen der Liebe, die Fähigkeit zu lieben und sich so zu verhalten, daß man geliebt wird, von einander ablösen.

Das „Ich“ kennzeichnet die Beziehung eines Menschen zu sich selbst und ist vornehmlich von der Erfahrung abhängig, wie früher die Wünsche und Bedürfnisse des Kindes befriedigt wurden. Dabei korrespondiert das „Ich“ der Liebesfähigkeit mit dem Bereich „Körper/Sinne“ der Erkenntnisfähigkeit und bildet sowohl die Grundlage für das Körper-Ich-Gefühl als auch die Basis für das Selbstkonzept. Beides wird über die entscheidende Frage – „Werde ich akzeptiert, weil ich da bin, oder weil ich ordentlich, sauber, fleißig oder gehorsam ... bin?“ – geprägt und führt zu Urvertrauen (Hoffnung) oder Urmißtrauen (Verzweiflung).

„Wenn ich so richtig schön mit meinen Freunden gespielt hatte und schmutzig, aber glücklich nach Hause kam, hieß es nur: ‚Wie siehst du denn aus! So ein Dreckspatz!‘“

Das „Du“ wird zuerst in der Mutter-Kind-Beziehung, und später über die Beziehung der Eltern untereinander erfahren. Dabei wirkt sich das Vorbild der Eltern als allgemeine Grundstimmung gegenüber Partnerschaft und Familie aus. Aber es werden auch eine Vielzahl von Verhaltensweisen und Einstellungen, sowie Spielregeln vermittelt, die letztlich unsere aktuellen Vorstellungen von Ehe und Familie mitbestimmen. Dabei spielen ganz besonders die Normen Treue und Ehrlichkeit eine ausschlaggebende Rolle. Aber ebenso wichtig im Sinne des Vorbildes ist die Art und Weise, wie die Eltern mit Kritik und Konflikten umgehen.

„Probleme innerhalb der Familie wurden nie angesprochen. Wir sahen die Mutter dann weinen, wenn der Vater wütend das Haus verließ. Und keiner wußte so recht, kommt er überhaupt wieder!"

Über *das „Wir"*, gemeint ist die Beziehung der Eltern zur sozialen Umwelt, lernt ein Kind nicht nur die Balance zwischen Angst und Neugier als Entwicklungskräfte kennen, sondern es erfährt auch Kriterien, um zwischen Innengruppe (= Freund) und Außengruppe (= Feind) zu unterscheiden. Hier werden die Kommunikationsmöglichkeiten einer Familie nach außen hin offenkundig, und ebenfalls die typischen Muster zwischenmenschlichen Verhaltens von politischer Relevanz vorgelebt. Die Eltern bleiben nicht das einzige Vorbild für soziales und gesellschaftliches Verhalten. Aufgeschlossenheit und Toleranz können dabei ebenso wie Gruppenhaß und Vorurteile entstehen.

„Deine Mutter kannst du ja ab und zu einladen, aber deine Geschwister möchte ich nicht in meinem Haus haben. Das können wir uns finanziell nicht leisten."

Das *„Ur-Wir"*, also die Beziehung der Eltern zu Religion und Weltanschauung, steht in engem Zusammenhang zu den Regeln und Gesetzen, die von gesellschaftlichen, moralischen, religiösen oder politischen Institutionen festgelegt werden. Diese religiös-weltanschaulichen Wertsysteme, die alle zwischenmenschlichen Spielregeln definieren, bestimmen letztlich auch den Wert eines Menschen, den Sinn seines Lebens und die Ziele, die erstrebenswert sind. Je geschlossener eine Gesellschaft ist, desto festgeschriebener ist der ideologische Überbau, den wir als Ur-Wir bezeichnen. Vor allem die Erziehung wird durch das weltanschaulich-ideologisch begründete Menschenbild beeinflußt, wobei gerade religiösen Interpretationen ein besonderer Stellenwert zukommt. Eltern haben für das Kind zumindest in den ersten Lebensjahren gottähnliche Funktionen; sie sind allwissend, allmächtig und unangreifbar. Erwartungen an die Eltern werden nicht selten auf die Vorstellungen übertragen, die man von Gott, bzw. dem „Unbekannten und Unerkennbaren" hat. So kann ein ungerechter Vater oder eine erdrückende Mutter den Grundstein für ein Bild von einem ungerechten Gott oder einer ungerechten Welt legen, in der eine Zukunft unsinnig oder hoffnungslos erscheint. Deutlich wird dabei, wie stark die Bildung von Urvertrauen oder Urmißtrauen durch die Inhalte des Ur-Wir geprägt ist. Es ist daher verständlich, daß alle vier Vorbilddimensionen in ganz entscheidender Weise das Selbstbild und Selbstwertgefühl eines Menschen prägen.

„Egal, wann du von deiner Party nach Hause kommst, ich erwarte, daß du am Sonntag um 8.00 Uhr mit uns zur Kirche gehst!"

Fragen zum Nachdenken

Die folgenden Fragen können sich Eltern und Erzieher selbst beantworten oder gemeinsam mit ihrem Partner oder in der Familie besprechen. Wir empfehlen Ihnen, auch alle spontanen Erinnerungen und Einfälle zu notieren. Auf jeden Fall sollten schwerpunktmäßig die Fragen bearbeitet werden, die von Ihnen selbst als sehr bedeutsam eingestuft werden.

Fragen zum „Ich“ (Verhältnis Eltern, Geschwister und Kind)

Zu wem haben Sie eine stärkere Beziehung (Vater, Mutter, Großeltern)?
Wer hatte mehr Zeit für Sie (Vater, Mutter, usw.)?
Wer war für Sie Vorbild, wessen Verhaltensweisen und Vorstellungen entdecken Sie bei sich wieder?
Haben Sie das Gefühl, gerecht behandelt worden zu sein?
Wurden Sie oder Ihre Geschwister bevorzugt?
Wie drückten Ihre Eltern Ihnen gegenüber ihre Zuneigung und Liebe aus (Zärtlichkeit, emotionelle Wärme, Distanziertheit, Kälte)?

Fragen zum „Du“ (Verhältnis der Eltern untereinander)

Haben sich Ihre Eltern gut verstanden?
Wer von Ihren Eltern hatte am meisten zu sagen?
Hielten die Eltern gegen über den Kindern zusammen?
Wie haben Ihre Eltern Probleme ausgetragen? (Konnten sie offen miteinander sprechen? Wurden sie gewalttätig? Straften sie durch Nichtachtung? Wurden Konflikte nach dem Motto überspielt: Wir haben keine Probleme?)
Wurde die Ehe Ihrer Eltern geschieden, oder war in einer anderen Form das Thema Trennung akut?
Welche Beziehungen haben Sie zur Partnerschaft, zur Ehe, wie sind Ihre Erfahrungen?

Fragen zum „Wir“ (Verhältnis Eltern und Umwelt)

Wer von Ihren Eltern war kontaktfreudiger?
Wer wollte lieber Gäste zu Hause haben?
Wie wurden Sie in den Kontakt Ihrer Eltern einbezogen (z.B. „Wenn Erwachsene reden, hast Du zu schweigen.“)?
Waren Sie Repräsentationsobjekt der elterlichen Geselligkeit („Wenn Gäste kommen, benimm Dich anständig! Zeig Ihnen, daß Du nicht dumm bist!“)?

Aus welchen Gründen wurden Kontakte aufgenommen oder blockiert (Gäste nur aus Geschäftsinteresse, aus Verwandtschaftsverpflichtungen, ohne jede Auswahl; keine Gäste wegen Unordnung, Sparsamkeit)?
Gehörten Ihre Eltern Vereinen, Interessengruppen, Bürgerinitiativen oder Arbeitsgemeinschaften an?
Welche Bedeutung hat Ihr Beruf für Ihre Beziehung zu anderen Menschen?
Greifen Sie lieber zu einem Buch oder sind Sie lieber mit anderen Menschen zusammen?
Sind Sie selber politisch oder gesellschaftlich engagiert?
Wenn Ihr Partner sich von Ihnen trennen würde, an wen würden Sie sich wenden? Wo finden Sie Unterstützung und Geborgenheit?
Welche Erlebnisse fallen Ihnen zu diesen Fragen ein?

Fragen zum „Ur-Wir“ (Verhältnis Eltern, Religion und Weltanschauung)

Wer von Ihren Eltern legte mehr Wert auf religiöse oder weltanschauliche Fragen?
Welche religiösen oder weltanschaulichen Konzepte vertraten Ihre Eltern?
Waren sich Ihre Eltern bezüglich der Religion oder der weltanschaulichen Überzeugung einig?
Wer von Ihren Eltern hat gebetet, wer hat mit Ihnen zusammen gebetet?
Wer hat sich mit Fragen wie Leben nach dem Tode, Sinn des Seins, dem Wesen Gottes usw. beschäftigt? Welche Bedeutung haben diese Fragen für Sie?
Was war das Lebensziel Ihrer Eltern, was ist Ihr Lebensziel?
Welchen Einfluß haben bei Ihnen religiöse und weltanschauliche Konzepte für die Kindererziehung, die Partnerwahl und die Beziehung zu den Mitmenschen?
Welche Erfahrung haben Sie als Kind mit religiösen und politisch-weltanschaulichen Ereignissen gemacht?
Halten Sie sich selbst für optimistisch oder pessimistisch?
Beschäftigen Sie sich mit dem Tod und dem Leben nach dem Tode?

Konsequenzen

Wenn Eltern oder diese auch mit ihren Kindern und Jugendlichen die Fragen abschnittsweise bearbeiten, wird meistens schnell klar, was für eine familiäre Erziehungsatmosphäre herrschte. Oft kommen ganz spontane Aussagen wie: „Eigentlich habe ich es ja genauso gemacht wie meine Eltern!“ Es geht aber nicht darum, den eigenen Eltern Fehler nachzuweisen oder einen Schuldigen zu finden. Die Fragen sollen nur dazu dienen, ein Verständnis für die *eigenen* Verhaltensmuster zu entwickeln.

Lebensweisheiten und Anekdoten

Mit einer Kindheit voller Liebe kann man ein halbes Leben hindurch für die kalte Welt haushalten. (Jean Paul)
Die Zeit reift alles. Kein Mensch wird weise geboren. (Miguel de Cervantes)
Richtig ins Herz hinein erzieht nur die Liebe. (Carlos von Tschudi)
Erziehung nennen es die Leute, wenn sie den jungen Menschen die eigenen Fehler beibringen. (Fritz de Originis)
Du sollst deine Kinder ehren, denn sie überleben dich. (Emil Gött)
Kinder und Uhren dürfen nicht ständig aufgezogen werden, man muß sie auch gehen lassen. (Jean Paul)
Mit einem Herren steht es gut, der was er befohlen, selber tut. (Johann Wolfgang von Goethe)
Wer zur Quelle gehen kann, gehe nicht zum Wassertopf. (Leonardo da Vinci)
Wer sich seiner eigenen Kindheit nicht mehr deutlich erinnert, ist ein schlechter Erzieher. (Marie von Ebner-Eschenbach)

Mutter zum Sohn, der seinem Vater die Tür geöffnet hat: „Du sollst nicht immer sagen: ‚Es ist bloß Vati!‘, auch wenn es bloß Vati ist.“

Die Erziehung zur Lebenstüchtigkeit

„Selbsterkenntnis ist der erste Schritt zur Besserung."

Der Schatz des Wissens

Der Traktor eines Bauern lief nicht mehr. Alle Versuche des Bauern und seiner Freunde, das Fahrzeug zu reparieren, mißlangen. Schließlich rang sich der Bauer durch, einen Fachmann herbeiholen zu lassen. Dieser schaute sich den Traktor an, betätigte den Anlasser, hob die Motorhaube an und beobachtete alles genau. Schließlich nahm er einen Hammer. Mit einem einzigen Hammerschlag an einer bestimmten Stelle des Motors machte er ihn wieder funktionsfähig. Der Motor tuckerte, als wäre er nie kaputt gewesen. Als der Fachmann dem Bauern die Rechnung gab, war dieser erstaunt und ärgerlich: „Was, du willst 50 Tuman, wo du nur einen Hammerschlag getan hast!" „Lieber Freund", sagte da der Fachmann. „Für den Hammerschlag berechnete ich nur einen Tuman. 49 Tuman aber muß ich für mein Wissen verlangen, wo dieser Schlag zu erfolgen hatte."

Positive Psychotherapie

Glaube an die Talente deines Kindes

Ausgehend von einem positiven Menschenbild ergibt sich fast zwangsläufig für den Erzieher ein „positives Vorgehen", was bedeutet, daß immer das Ganze, das Tätsächliche betrachtet wird. Eltern glauben an die Fähigkeiten, die in ihrem Kind stecken, auch wenn sie diese noch nicht sehen können, weil die Zeit, in der sich die Fähigkeiten entwickeln und in Leistungen sichtbar werden, noch nicht gekommen ist.

Wie ein Kind lernt

Wenn ein kleines Kind zum Beispiel lernt, was ein Tisch ist, muß es verschiedene Eigenschaften seiner Umwelt unterscheiden. Eine Hilfe bietet ihm, was es wiedererkennen kann. So treffen Eigenschaften in bestimmter Weise immer wieder zusammen: vier Beine und darüber eine Platte. Alle Gegenstände, welche diese Charakteristik aufweisen, mögen sie in der Puppenstube stehen oder im Zimmer, werden als Tisch erkannt. Hat ein Kind in dieser Weise differenziert und wieder integriert, kann es Tische, die es zuvor noch nie gesehen hat, von allen anderen unterscheiden, was nicht Tisch ist. Diese Unterscheidung gelingt schließlich auch dann, wenn diese „Nicht-Tisch-Gegenstände" Eigenschaften des Tisches aufweisen, zum Beispiel Beine haben und eine Platte wie der Stuhl, nur aus einer Platte bestehen oder Beine haben, die jedoch Ständer, Leitern oder ähnliche Gegenstände sind. Nahezu jedes begriffliche Lernen basiert auf der Unterscheidung und Integration. So lernt ein Kind Schritt für Schritt, was der Tisch ist, was der Herd ist, wann man den Herd anfassen kann und wann nicht.

In der Erziehung ist jedes Kind auf Wissensvermittlung angewiesen. Damit wird die Grundfähigkeit jedes Menschen, zu lernen und sich Erfahrungen nutzbar zu machen – also seine Erkenntnisfähigkeit angesprochen. Die Mittel dieser Erkenntnisfähigkeit sind *Körper und Sinne, der Verstand, die Tradition* und *die Intuition,* die alle mehr oder weniger vom *Unbewußten* mit gesteuert werden. Diese Medien bestimmen, wie ein Mensch sich selbst und seine Umwelt wahrnimmt, seine Kontakte zur Umwelt ausbildet, sowie seine Urteilsfindung und Realitätskontrolle bewältigt. Alle Erfahrungen, die der Mensch vom Anfang seiner Existenz an macht, prägen seine Empfindungen, Gefühle, Erwartungen, Einstellungen und die Art seines Denkens und bestimmen durch die Verknüpfung zur Liebesfähigkeit die jedem eigene Erziehungssphäre.

Die vier Bereiche der Konfliktverarbeitung

Die Medien der Erkenntnisfähigkeit sind also die Werkzeuge, die jeder einzelne in unterschiedlicher Art zur Bewältigung seiner Lebenswirklichkeit und zur Konfliktverarbeitung nutzt. Schwierigkeiten treten dann in den vier Lebensbereichen auf, die jeweils den Medien der Erkenntnisfähigkeit zugeordnet sind:

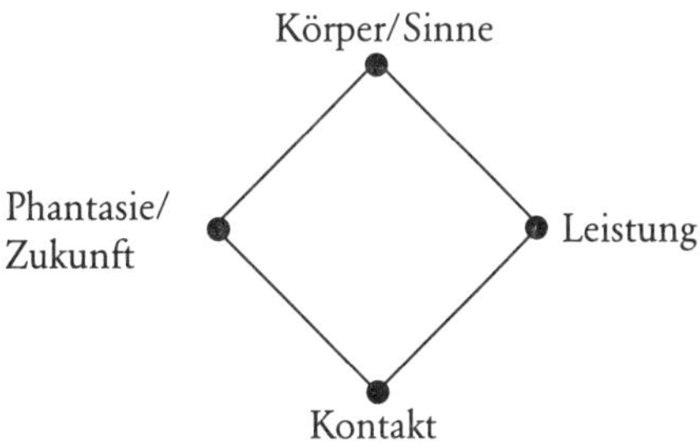

Bildlich gesehen entsprechen die vier Lebensbereiche einem Reiter, der motiviert (Leistung) einem Ziel zustrebt (Phantasie). Er braucht dazu ein gutgepflegtes Pferd (Körper) und für den Fall, daß dieses ihn einmal abwerfen sollte, Helfer, die ihn beim Aufsteigen unterstützen (Kontakt).

Jeder Mensch entwickelt eigene Präferenzen, wie er die Welt erlebt und wie er auf Konflikte reagiert. Das ist abhängig von der Einzigartigkeit des Individuums, seinem sozialen Hintergrund und seiner Lernerfahrung, und doch finden sich typische Reaktionsformen trotz aller kulturellen und sozialen Unterschiede.

Probleme im Bereich „Körper/Sinne"

Im Vordergrund steht das Körper-Ich-Gefühl, die eigene Körperwahrnehmung, aber auch die Verarbeitung der Informationen und Sinneseindrücke aus der Umwelt. Erworbene Wertmaßstäbe und individuelle Erfahrungen bestimmen dabei die konflikthafte Besetzung der Erlebnisse. Problemreaktionen sind zum Beispiel: Überaktivität („Zappelphilipp") oder Sich-Hängenlassen, Schlafstörungen, Freßsucht („Kummerspeck") oder Nahrungsverweigerung („Suppenkasper"), funktionelle Störungen (Verstopfung) oder psychosomatische Symptome (Durchfall, Allergien).

„Egal ob wir Besuch hatten oder verreist waren, ich mußte immer pünktlich um 20 Uhr ins Bett."

Probleme im Bereich „Leistung/Verstand"

Diese Dimension hat in der westlichen Industriegesellschaft besonderes Gewicht, weil die Leistungsnormen von Anfang an die Erziehungshaltung der Eltern prägen und vor allem auf die Lernanforderungen der Kinder Einfluß haben. Typische Symptome sind dann: Selbstwertprobleme, Überforderung, Schulstreß, Versagensängste, Konzentrationsstörungen, Leistungshemmung, Faulheit, Alkohol- und Drogenkonsum; aber auch Flucht in die Arbeit, Strebertum, Leistungszwang und Konkurrenzkampf.

„Wenn du deine Schularbeiten nicht gemacht hast, kannst du nicht weggehen."

Probleme im Bereich „Kontakt/Tradition"

Die sozialen Verhaltensweisen werden durch individuelle Lernerfahrungen und Traditionen geprägt. Unsere Art, Beziehungen aufzunehmen und zu gestalten – zu uns selbst, zu unserem Partner, unserer Familie, zu Menschen anderer Gruppen und Kulturen – unterliegt sozial erlernten Auswahlkriterien wie Höflichkeit, Ehrlichkeit, Gerechtigkeit usw. Wir können auf Konflikte reagieren, indem wir die Beziehungen zu unserer Umwelt problematisieren: ein Extrem ist die Flucht in die Geselligkeit, wobei in der Geborgenheit und Aktivität der Gruppe die Probleme entschärft werden sollen. Man kann aber auch den Rückzug aus der Gemeinschaft antreten, indem man sich von allen Menschen, die einen beunruhigen, distanziert. Typische Symptome sind Hemmungen, Kontaktangst, Anklammerungstendenzen, Trennungsängste, Depressionen, Ironie, Zynismus, Kontaktdrang, Bindungslosigkeit, Gewalttätigkeit, Diskriminierung, Kriminalität.

„Wenn deine Freunde zu Besuch da waren, ist dein Zimmer immer total unordentlich."

Probleme im Bereich „Phantasie/Intuition"

Die Intuition steht in engem Zusammenhang mit den psychischen Prozessen des Traumes und der Phantasie. Beide reichen über die unmittelbare Wirklichkeit hinaus und können alles das beinhalten, was wir als Sinn des Lebens, Wunsch, Zukunftsmalerei oder Utopie bezeichnen. Man kann auf Konflikte reagieren, indem man Konfliktlösungen phantasiert, sich in Gedanken den gewünschten Erfolg vorstellt oder Menschen, die man haßt, bestraft oder gar tötet. Als „Privatwelt" schirmt die Phantasie gegen Verletzungen und Kränkungen aus der Wirklichkeit ab und schafft eine scheinbar harmonische Atmosphäre. Sie kann aber auch beängstigen, übermächtig werden und als Projektion der eigenen Ängste die Wirklichkeit unerträglich machen oder gar zu Wahnvorstellungen führen. Über Zwangsgedanken und zwanghafte Verhaltensweisen versucht der Betreffende seine bedrohlichen Phantasien im Zaum zu halten und sich vor unkontrollierten Gefühlsausbrüchen zu schützen. Symptome sind Zwangsgedanken, Angstpsychose, Lebensangst, Pessimismus, Ratlosigkeit, Alkohol- und Drogenkonsum, Suizidgedanken.

„Ich kann machen, was ich will, es geht doch alles schief."

Fragen zum Nachdenken

Beantworten Sie diese Fragen ausführlich und mit spontanen Beispielen, die sie gegebenenfalls Ihrem Partner mitteilen können.

Fragen zum Bereich „Körper"

Welche körperlichen Beschwerden haben Sie, welche Organe sind betroffen?

Wie beurteilen Sie Ihr Aussehen? Empfinden Sie Ihren Körper als Freund oder Feind?
Wie reagiert Ihr Partner/Ihre Familie, wenn Sie krank sind? Wie verhalten Sie sich, wenn Ihr Partner krank ist?
Wer hat Sie gestreichelt, geküßt oder war zärtlich zu Ihnen?

Fragen zum Bereich „Leistung"

Welche Tätigkeiten würden Sie gerne ausüben? Sind Sie mit Ihrem Beruf zufrieden?
Wo liegen Ihre Interessenschwerpunkte (körperliche, intellektuelle, künstlerische Tätigkeiten, Verwaltungsaufgaben, etc.)?
Worin engagieren Sie sich mehr: im Beruf oder in der Familie?
Fühlen Sie sich auch wohl, wenn Sie einmal nichts zu tun haben?
Wer von Ihren Eltern legte mehr Wert auf Leistung?
Wer von Ihren Angehörigen hat mit Ihnen gespielt?
Wer hat sich um Ihre Schularbeiten gekümmert?
Wenn Sie Fehler machten, wie würden Sie bestraft?
Haben Ihre Eltern Ihnen gesagt, warum Sie etwas tun sollten?
Wie wurden Sie für gute Leistungen belohnt?

Fragen zum Bereich „Kontakt"

Wer von Ihnen ist kontaktfreudiger? Wer von Ihnen möchte lieber Gäste im Hause haben?
Was könnte Sie eher davon abhalten, Gäste einzuladen: daß man zu wenig Zeit hat; daß Gäste Geld kosten; daß Gäste Unordnung machen?
Wie fühlen Sie sich, wenn Sie in einer Gesellschaft unter vielen Menschen sind?
Bei welchen Menschen fällt es Ihnen schwer, Kontakt aufzunehmen? Was fällt Ihnen leichter, Kontakt aufzunehmen oder aufrechtzuerhalten?
Hatten Sie als Kind viele Freunde oder waren Sie eher isoliert?
An wen konnten Sie sich wenden, wenn Sie Probleme hatten?

Fragen zum Bereich: „Phantasie/Zukunft"

Wer von Ihnen legt mehr Wert auf Phantasie? Haben Sie (oder Ihr Partner) oft gute Einfälle?
Halten Sie sich selbst für optimistisch oder pessimistisch?
Womit beschäftigen Sie sich in Ihren Phantasien: mit dem Körper (Essen, Sexualität, Schlaf, Sport, Körperpflege), mit dem Beruf (Erfolge, Mißerfolge),

mit dem Kontakt zu anderen Menschen, mit der Zukunft (Wunschvorstellungen, Utopien, Weltanschauung, Religion)?

Hängen Sie gern der Vergangenheit nach? Befassen Sie sich mit der Zukunft?

Wenn Sie mit jemandem eine Woche den Platz tauschen könnten, mit wem würden Sie tauschen? Warum?

Welche Beziehungen haben Sie zur Kunst (Malerei, Musik, Literatur)? Malen Sie selber? Was drücken Ihre Bilder aus?

Wer von Ihren Eltern legte mehr Wert auf religiöse und weltanschauliche Fragen? Waren Ihre Eltern in diesem Punkt einig? Hatten Ihre Eltern wegen ihrer religiösen oder weltanschaulichen Konzepte Schwierigkeiten mit ihrer Umwelt?

Wer hat sich mit Fragen wie Leben nach dem Tod, Sinn des Seins, dem Wesen Gottes etc. beschäftigt?

Welchen Einfluß haben bei Ihnen religiöse und weltanschauliche Konzepte für die Kindererziehung, die Partnerwahl und die Beziehung zu Ihren Mitmenschen? Was war das Lebensziel Ihrer Eltern? Was ist Ihr Ziel?

Konsequenzen

Eltern und Erzieher sind meist sehr erstaunt, welche Dinge aus früherer Zeit ihnen jetzt wieder einfallen. Je nachdem welche Konfliktreaktion bevorzugt wird, bekommen ganz unterschiedliche Fragen mehr oder weniger Bedeutung. Wir fragen im Rahmen eines Therapiegespräches auch danach, welches Thema den Betreffenden am meisten bewegt hat oder welche Frage sie am meisten erstaunt hat. Intensiver bearbeitet werden die Gebiete, die sich als besonders bedeutsam herausstellen.

Der Schlußfolgerungen aus diesen Überlegungen: Der unmittelbare Einfluß auf die Entwicklung eines Kindes wird von der Familie selbst ausgeübt. Werden bestimmte Medien der Erkenntnisfähigkeit bevorzugt, bilden sich auch entsprechend besondere Muster von primären und sekundären Fähigkeiten aus. In einer Familie, in der systematischer Verstand unter Beteiligung des Unbewußten von Bedeutung ist, können beispielsweise Ordnung, Pünktlichkeit, Gehorsam, Genauigkeit, Fleiß, Zutrauen und Zweifel besonders ausgeprägt sein. Dort, wo der Körper und die Sinne betont werden, kommt es zumeist auf Essen, Sauberkeit, körperliche Leistungsfähigkeit und Vertrauen, bezogen auf sich und die Familie an. Wo die Tradition das bestimmende Medium ist, entwickeln sich Gehorsam, Höflichkeit, Ehrlichkeit, Glaube und Hoffnung entsprechend den jeweiligen Traditionsinhalten. Spielt Intuition die Hauptrolle, entwickeln sich Ehrlichkeit, Phantasie, Hoffnung, Glaube und Gewißheit. So entwickelt jede Familie ihre eigenen Muster und Eigentümlichkeiten.

Lebensweisheiten und Anekdoten

Schön ist, was wir sehen;
schöner, was wir wissen;
weitaus am schönsten, was wir nicht fassen. (Nils Stenson)
Das Schönste im Leben ist nicht die Erfüllung, sondern die Erwartung der Erfüllung. (Anna Magnani)
Der Anfang ist die Hälfte vom Ganzen. (Aristoteles)
Man bleibt jung, solange man noch lernen, neue Gewohnheiten annehmen und Widerspruch ertragen kann. (Marie von Ebner-Eschenbach)
Seine Intelligenz kann man beim Geldverdienen beweisen, seine Kultur beim Geldausgeben. (Charles Tschopp)
Nichts auf der Welt ist so mächtig, wie eine Idee, deren Zeit gekommen ist. (Victor Hugo)
Neue Ideen bringen neuen Wandel. (Lebensweisheit)
Heiterkeit ist die Mutter der glücklichen Einfälle.
(Luc de Clapier Vauvenargues)
Verstand haben ist wichtig. Intuition haben ist wichtiger. (Emil Oesch)
Auch eine Reise von tausend Meilen fängt mit dem ersten Schritt an.
(Chinesische Weisheit)

„Mein Sohn“, sagte der Vater, „in deinem Alter war ich froh, einmal im Jahr ein Eis zu bekommen.“ „Das kannst du jetzt nachholen, Vater.“
Als in einem Theaterstück der Hauptdarsteller der Partnerin ein Ohrfeige verpaßte, konnte man im Publikum eine Kinderstimme hören: „Warum schlägt sie nicht zurück wie du, Mami?“

Die gesellschaftlichen Normen und Spielregeln

„Beherzige deine Gedanken und köpfe nicht deine Gefühle.“ (Martina Fornoff)

Das Schreiben eines Schecks

Wenn wir einen Scheck ausfüllen, haben wir es mit einem komplizierten Handlungsablaufs und der Gliederung einer Situation zu tun: Zunächst einmal muß ich mein Scheckheft dabei haben und einen Kugelschreiber. Wenn ich nicht weiß, wohin ich ihn gelegt habe, brauche ich erst Zeit, um ihn zu suchen. Ich muß in der Lage sein, auszurechnen, wieviel Geld ich abheben möchte und ich muß wissen, wie auf dem Formular die Eintragungen gemacht werden müssen. Hinzu kommt, daß ich meine Kontonummer, die Bankleitzahl und die Geschäftszeiten der Bank kennen muß. Alle Daten muß ich lesbar eintragen, und zur eigenen Buchführung ist es nützlich, mir eine Notiz in mein Scheckheft zu machen und zu erkunden, ob der Betrag auch gedeckt ist. Eine Reihe von Funktionen laufen ab, die zum Teil wie Glieder einer Kette ineinandergreifen. Bereits die Störung einer einzigen Funktion kann den ganzen Handlungsablauf hemmen und zu Konsequenzen führen, die hinsichtlich der Ursachen unangemessen erscheinen – gemäß dem Motto: „Auch Lawinen fangen klein an!“

Positive Psychotherapie

Pünktlichkeit ist die Höflichkeit der Könige – Liebe, und tue, was du willst

Aus eigenen Fähigkeitenpotential der Erkenntnisfähigkeit und der Liebesfähigkeit eines jeden Menschen entwickeln sich im Zusammenleben einer Familie soziale Normen und Spielregeln, die – weil sie aktuell im täglichen Leben wirksam sind – als *Aktualfähigkeiten* bezeichnet werden. Aufgabe der Erziehung ist es dabei, die Entwicklungsbedingungen so zu gestalten, daß die in jedem

Kind angelegten Fähigkeiten zur Ausprägung gelangen können, was wiederum von den fördernden oder hemmenden Bedingungen von Körper – Umwelt – Zeit abhängt. Inhaltlich lassen sich die Aktualfähigkeiten in zwei grundsätzliche Kategorien einteilen:

Die Sekundären Fähigkeiten sind Ausdruck der Wissensvermittlung und damit der Erkenntnisfähigkeit. In ihnen spiegeln sich die Leistungsnormen einer Gesellschaft wider, in der ein Mensch lebt. Zu ihnen gehören: *Pünktlichkeit, Sauberkeit, Ordnung, Gehorsam, Höflichkeit, Ehrlichkeit, Gerechtigkeit, Fleiß, Leistung, Sparsamkeit, Zuverlässigkeit, Genauigkeit, Gewissenhaftigkeit.*

Die Primären Aktualfähigkeiten werden zuerst, d.h. primär in der emotionalen Eltern-Kind-Beziehung auf dem Boden der Liebesfähigkeit entwickelt. Primäre Aktualfähigkeiten sind: *Liebe (Emotionalität), Vorbild, Geduld, Zeit, Kontakt, Sexualität, Vertrauen, Zutrauen, Hoffnung, Glaube, Zweifel, Gewißheit, Einheit.*

Die primären Fähigkeiten sind also vor allem Bedingungen der gefühlsmäßigen Beziehungen, die jedem Kind in einer idealtypischen Entwicklungskette von seiner Ursprungsfamilie vermittelt werden. Aus den noch unbekannten Fähigkeitspotentialen entwickelt ein Kind über Angst – Aggression – Nachahmung durch Vorbild, Glaube, Zeit, Zweifel, Hoffnung und Zutrauen seiner Bezugspersonen das Ur-Vertrauen, das Grundlage für eine gesunde Entwicklung ist.

Zwei Seiten einer Medaille

Ein Eindruck über die komplexe Wirkung der Aktualfähigkeiten konnte dem Leser schon in diesen knappen Beschreibungen vermittelt werden. Erlernt in dem primären Beziehungsgefüge der Familie, haben die Aktualfähigkeiten Auswirkungen auf die verschiedenen Funktionsebenen: auf die individuelle innerseelische Erlebnissphäre, auf die psychosomatischen Verarbeitungsmöglichkeiten und das Gruppengeschehen jeder Gesellschaft.

Bei jeder inhaltlich-dynamischen Analyse von Konflikten und Schwierigkeiten ist die Differenzierung hinsichtlich der *aktiven und passiven Dimension der Aktualfähigkeiten* wichtig. Aktiv meint dabei die aktive Handlungsweise oder das aktive Verhaltensmuster einer Person; z.B. ob jemand pünktlich/unpünktlich, ordentlich/unordentlich, gerecht oder ungerecht ist. Die passive Dimension einer Aktualfähigkeit beschreibt dagegen eine Erwartung an andere Menschen, also die Fähigkeit oder Unfähigkeit, die Unpünktlichkeit, Unordnung oder Ungerechtigkeit anderer ertragen zu können, ohne daran zu zerbrechen. Oft ist diese Erkenntnis der zwei Dimensionen schon der erste Schritt zu einer Konfliktlösung.

Aktive Dimension am Beispiel „Ordnung“: Die Fähigkeit, Ordnung zu machen, etwas zuzuordnen, zu organisieren, etwas zu managen.

Passive Dimension am Beispiel „Ordnung“: Die Fähigkeit, mit Unordnung angemessen umzugehen, Unordnung ertragen zu können, die andere Auffassung von Ordnung meiner Mitmenschen zu tolerieren.

Was das Faß zum Überlaufen bringt ...

Durch die Erziehung entwickelt jeder Mensch sein individuelles Muster an Verhaltensweisen, die sich inhaltlich auf die Kategorien der Aktualfähigkeiten beziehen. Dabei bleibt es nicht aus, daß jeder abhängig von seinen Erfahrungen und den jeweiligen familiären Bewertungen ganz individuelle Sensibilitäten entwickelt. Treffen nun wiederholt kleine alltägliche Verletzungen auf einen dieser empfindlichen Bereiche, wird sich eine dauerhafte emotionale Belastung einstellen – nach dem Motto: *„Steter Tropfen höhlt den Stein“.* Oftmals werden diese Mikrotraumen als Bagatellen aber nicht genügend ernst genommen. Erst wenn „der letzte Tropfen das Faß zum Überlaufen bringt“, wundern wir uns über die Heftigkeit der Reaktion und registrieren dann erst die neuralgischen Punkte der Persönlichkeit.

Konfliktpotential kann vorliegen, wenn nicht genügend zwischen eigenen und fremden Verhaltensmustern unterschieden wird. Konflikte entstehen aber auch dadurch, daß die einzelnen Familienmitglieder verschiedene Erwartungen hegen und deshalb Verständigungsschwierigkeiten und Mißverständnissen entstehen.

Lebensweisheiten und Anekdoten

Das Geheimnis der Erziehung liegt in der Achtung des Schülers.
(Ralph Waldo Emerson)
Erziehung ist die Kunst, seine Pflicht zu erkennen und seine Freiheit zu beschränken. (Carmen Sylva)

Von jeder Wunde, die ich dir zugefügt habe, bleibt auch mir eine Narbe zurück. (Reinhard May)

Wer die Menschen behandelt, wie sie sind, macht sie schlechter; wer die Menschen behandelt, wie sie sein könnten, macht sie besser. (Johann Wolfgang von Goethe)

Wir hätten weit weniger Dispute in der Welt, wenn Worte als das genommen würden, was sie sind: Zeichen unserer Ideen und nicht die Dinge selbst. (John Locke)

Die Zunge hat keine Knochen, aber sie kann die Knochen brechen. (Orientalische Weisheit)

Ordnung führt zu allen Tugenden. Was aber führt zur Ordnung? (Georg Christoph Lichtenberg)

Willst du das Land in Ordnung bringen, so mußt du zuerst die Provinzen in Ordnung bringen.
Willst du die Provinzen in Ordnung bringen, so mußt du zuerst die Städte in Ordnung bingen.
Willst du die Städte in Ordnung bringen, so mußt du zuerst die Familien in Ordnung bringen.
Willst du die Familien in Ordnung bringen, so mußt du zuerst deine Familie in Ordnung bringen.
Willst du deine Familie in Ordnung bringen, so mußt du zunächst dich selbst in Ordnung bringen. (Chinesische Weisheit)

Paul und Hein sitzen am Seeufer und halten die Füße ins Wasser. „Mann, hast du dreckige Füße“, sagt Paul. „Kein Wunder“, antwortet Hein, „ich bin auch zwei Jahre älter als du.“

Die Entwicklung zur reifen Persönlichkeit

„Gut auseinandersetzen hilft zum guten Zusammensitzen.“ (Emil Gött)

Die Last der Ungewißheit

Ein Sorgen geplagter Vater jammerte bei einem Hakim: „Mein jüngster Sohn hat mich alt gemacht. Kummer plagt mein Haupt. Mein ältester Sohn ist die Stütze meines Lebens. Ein jedes Wort, das seinen Mund verläßt, ist ein Wort der Wahrheit. Er lügt nie. Meinem zweiten Sohn ist Wahrheit so fern wie der Berg Damawand. Ein jedes Wort, das er spricht, ist Lüge. Ich habe mich damit abgefunden, denn ich weiß immer, woran ich bin. Aber mein jüngster Sohn: Er hat keinen festen Boden unter seinen Füßen. Er lügt, und er spricht die Wahrheit. Jedes Wort aus seinem Mund kann Lüge oder auch die Wahrheit sein, ohne daß ich sie zu unterscheiden wüßte. Bei den anderen beiden weiß ich, woran ich bin. Dieses Wissen verläßt mich bei meinem Jüngsten.“

Positive Psychotherapie

Was die Entwicklung fördert

Jede menschliche Entwicklung, aber auch jede zwischenmenschliche Beziehung durchläuft fortwährend verschiedene Stadien der Kommunikation und Interaktion. Dabei kommt der richtigen Balance zwischen den drei Stadien Verbundenheit – Unterscheidung – Ablösung eine entscheidende Rolle zu. Sie können Quelle für vielfältige Konflikte sein.

Zuwendung und Liebe schenken – Das Stadium der Verbundenheit: Das Kind ist zunächst völlig auf seine Eltern angewiesen. Es benötigt deren Zuwendung in Form von Zeit, Geduld und Vorbild. Die Eltern fühlen sich ihrerseits dem Kind durch Liebe, Glaube, Hoffnung und Verantwortung verbunden. Dieses Bedürfnis nach Verbundenheit besteht bei jedem Menschen lebenslang und ist Ausdruck der Liebesfähigkeit, also der Fähigkeit zur emotionalen Beziehungsaufnahme. Kommunikation und Interaktion sind in dem Stadium der Verbundenheit vor allem durch aktives Zuhören und Einfühlungsvermögen gekennzeichnet.

Anregungen

Für die gesunde kindliche Entwicklung sind folgende Punkte von großer Wichtigkeit:

Kinder benötigen ein angenehmes emotionales Klima in der Familie, in dem *Liebe* auch über *Zärtlichkeit* und *Körperkontakt* ausgedrückt wird.

Zeit, Geduld und *Kontakt* zu beständigen Bezugspersonen bilden die Voraussetzung für die Entwicklung von Urvertrauen, gesundem Körper-Ich-Gefühl und Selbstbewußtsein.

Dabei spielt das *Vorbild* der Eltern eine große Rolle. Ihre Erziehungsautorität wird in großem Maße von der Glaubwürdigkeit in Wort und Tat bestimmt.

Die *Einstellungen zum Kind* („Ich"): Das Kind ist nicht als Objekt, sondern entsprechend der jeweiligen Entwicklungsstufe als Partner zu betrachten. Eltern sind nämlich nicht Eigentümer, sondern lediglich Verwalter ihrer Kinder.

Für die Erziehung überhaupt ist *das Beispiel der Eltern* in Beziehungen zum Partner („Du") und zur gesamten sozialen Umwelt („Wir") wichtig.

Als übergeordnetes Prinzip kommt der *religiös-weltanschaulichen Dimension* („Ur-Wir") eine grundlegende Bedeutung zu.

Fragen lernen – Das Stadium der Unterscheidung: Ein Kind lernt im Laufe seiner Entwicklung zwischen den eigenen Wünschen und Bedürfnissen und den Erfordernissen der Umwelt zu unterscheiden. Dazu entwickelt jedes Kind einen gesunden Bewegungsdrang, der von der natürlichen Neugier gespeist wird und Ausdruck der Erkenntnisfähigkeit ist. Der Verstand und die Lernfähigkeit werden differenziert. Von seinen Eltern, später auch von anderen Autoritäten übernimmt das Kind den Umgang mit den gängigen Sozialnormen und erfährt auf diesem Wege die Grenzen zwischen Phantasie und Wirklichkeit. Dabei kommt es in der Kommunikation vor allem auf das richtige Fragen, Beraten, Informieren und Warnen an; aber auch wie die Eltern auf problematische Situationen reagieren; und vor allem, wie sie mit Problemen und Konflikten innerhalb und außerhalb der Familie umgehen.

Anregungen

Folgende Punkte sind besonders zu beachten:

Die Aktualfähigkeiten *Höflichkeit* und *Ehrlichkeit* nehmen eine Schlüsselrolle ein. Ist die Erziehungsatmosphäre so, daß auch ein Kind offen seine Meinung sagen kann? Bemühen sich die Eltern um Übereinstimmung zwischen dem, was sie anordnen und verlangen und dem, was sie selbst tun? Werden die Dinge so ausgesprochen, daß der andere sie verstehen kann und sich nicht verletzt fühlt?

Dabei spielen die Regeln der zwischenmenschlichen Kommunikation eine wichtige Rolle. Nur wenn die Beziehungsebene (Verbundenheit und Liebesfähigkeit) stimmt, können Anregungen, Forderungen, Gebote und Verbote inhaltlich angemessen differenziert werden (Inhaltsebene, Unterscheidung und Erkenntnisfähigkeit) und die gewünschte Kontaktadresse erreichen.

Das Mittel, die *geltenden Sekundärnormen,* aber auch die *Unterscheidung zwischen Person und Verhalten* zu lernen, ist die Erklärung, warum etwas so ist, wie es funktioniert und was man damit erreichen kann. Die Vorstufe des Einübens dafür ist das Spiel, das später in Training von Verhaltensweisen und Handlungen überleitet. Ein Kind, das nie Taschengeld zur eigenen Verfügung hatte, wird nur schwer mit Geld umgehen können.

Alle diese Differenzierungen bekommen besonderes Gewicht, wenn etwas falsch gemacht wurde, Regeln verletzt oder Erwartungen enttäuscht wurden. Gerade dann ist es wichtig, über Körperkontakt, Anfassen, Halten und Sprechen in Augenhöhe *erst die Verbundenheit* zum Kind herzustellen, ehe man ihm seine Fehler klar macht. Motto: *„Liebevoll Grenzen setzen!“*

Selbständigkeit fördern – Das Stadium der Ablösung: In der weiteren Entwicklung löst sich das Kind, und später der Jugendliche immer mehr von den engeren Bezugspersonen ab, und sucht die Informationen, die er braucht selbständig. Mit jeder Handlung, die wir lernen, und jeder Aktualfähigkeit, die wir entwickeln, gewinnen wir auch ein Stück Selbständigkeit und Reife. Ablösung bedeutet dabei, daß man selbständig Beziehungen aufnimmt, sich von bisherigen Personen löst und sich anderen oder denselben wieder neu zuwendet. Die Fähigkeit zur Ablösung ist gleichbedeutend *mit persönlicher Freiheit* und muß im Laufe der menschlichen Entwicklung trainiert werden, damit man zunehmend selbst Verantwortung für seine Handlungen und Entscheidungen tragen kann. Die Freiheit, die in der Ablösung erreicht wird, ist aber nie absolut. Durch die Verinnerlichung der Normen und Wertvorstellungen nehmen die Bezugspersonen und andere Autoritäten weiterhin Einfluß auf das Verhalten, die Entscheidungen und die Werthaltungen der jüngeren Generation. Dabei kann Ablösung nur gelingen, wenn beide Grundfähigkeiten – Erkenntnisfähigkeit und Liebesfähigkeit – entwickelt und in die reifende Persönlichkeit im Sinne wachsender *Einheit* integriert werden. Von seiten der Bezugspersonen setzt dies voraus, daß die Ablösungswünsche des Kindes auf ein Loslassenkönnen der Eltern trifft.

Anregungen

Folgende Punkte sind wichtig:

Je besser eine Familie gelernt hat, zwischen den drei Interaktionsstufen zu differenzieren und je mehr sie Vergangenheit – Gegenwart – Zukunft *als Entwicklungsprinzip der Zeit* berücksichtigen kann, desto eher können auch Probleme und Konflikte in der Erziehung verstanden und bewältigt werden.

Entscheidend ist dabei, daß wir uns bewußt machen: Ablösung ist nicht gleichbedeutend mit der Vernichtung einer Beziehung, sondern mit einer Umbildung, Umwertung und Weiterentwicklung zu einer reiferen Beziehungsebene.

Von klein auf müssen diese *Schritte zur Ablösung* im täglichen Alltag – immer angepaßt an das Entwicklungsstadium des Kindes – eingeübt werden: das Kind manchmal allein lassen, ihm Aufgaben zur selbständigen Bewältigung stellen, ihm eigene Kontakte zugestehen und Problemsituationen selbst bereinigen lassen.

Für das heranwachsende Kind bedeutet das, immer stärker eigene *Verantwortung* für seine Handlungen zu übernehmen.

Bei den Eltern setzt es Flexibilität und Bereitschaft voraus, ihr *Kind respektvoll und gleichwertig* zu behandeln und ihm in einem angemessenen Rahmen auch andere Vorstellungen (z. B. von Ordnung, Sparsamkeit, Pünktlichkeit ...) zuzubilligen.

Letztlich wird für alle Beteiligten über eine Ablösung immer auch der Themenkreis „Abschiednehmen – Sterben – Tod“, und damit die Sinnfrage des Lebens generell angesprochen.

Ursachen für Streit zwischen Eltern und Kindern

Die Stadien der partnerschaftlichen Interaktion – Verbundenheit, Unterscheidung und Ablösung – bieten einen konkreten Einstieg in zwischenmenschliche Konflikte und innerfamiliäre Probleme. Als Entwicklungsstufen kennzeichnen sie nämlich das augenblickliche Bedürfnis eines Kindes und treffen dabei auf die Wünsche, Einstellungen und Erwartungen der jeweiligen Bezugsperson, was Konfliktsituationen heraufbeschwören kann.

Folgende Beispiele sollen dieses aufzeigen:

Beispiel 1: Das vierjährige Mädchen möchte mit dem Vater spielen und schmusen und klettert dafür auf seinen Schoß. Der Vater zieht sich zurück mit der Bemerkung, er habe keine Zeit und außerdem dürfe das Kind nicht verwöhnt werden. (Verbundenheit gegen Ablösungserwartung)

Beispiel 2: Ein 15jähriger Junge geht sich eine Jeans kaufen. Als er sie zu Hause der Mutter zeigt, stellt er fest, daß die Tasche kaputt ist. „Was soll ich denn jetzt machen? Kann ich die denn umtauschen?" – „Nichts kann man dir alleine überlassen. So eine Hose muß man gleich richtig anschauen, ob sie Mängel hat!" (Unterscheidungserwartung gegen eine andere – unangenehme – Form der Unterscheidung)

Beispiel 3: Eine gerade verheiratete Frau wird von ihrer Mutter besucht. Diese schaut sich skeptisch in der Wohnung um und sagt: „Gut daß ich gekommen bin, in den Ecken liegt ja ganz schön der Staub. Da kann dir deine Mutter mal zeigen, was Ordnung ist. Sonst behauptet dein Mann noch, ich hätte dir nicht beigebracht, wie man einen Haushalt führt." (Ablösung gegen Unterscheidung)

Trifft das Erwartungsstadium der Bezugsperson auf das gleiche Entwicklungsstadium beim Partner, so liegen in der Regel konfliktarme Situationen vor. Probleme entstehen dann erst, wenn beide Interaktionspartner etwas Unterschiedliches unter Verbundenheit, Unterscheidung oder Ablösung verstehen. Die Interaktionsstadien werden aber immer zu großen Konfliktpotentialen, wenn völlig unterschiedliche Stadien aufeinandertreffen und sind dann Ausgangspunkt vieler Mißverständisse.

Lebensweisheiten und Anekdoten

Wir sind nicht nur für das verantwortlich, was wir tun, sondern auch für das, was wir nicht tun. (Voltaire)

Wer alleine arbeitet, addiert; wer mit anderen zusammenarbeitet, multipliziert. (Positive Psychotherapie)

DerVerstand führt, das Gefühl folgt. (Positive Psychotherapie)

Der Mensch kann nicht gut genug vom Menschen denken.
(Immanuel Kant)
Beurteile einen Menschen lieber nach seinen Handlungen als nach seinen Worten, denn viele handeln schlecht und sprechen vortrefflich.
(Matthias Claudius)

„Ach Mutti, soll ich den Thomas oder den Florian heiraten?“ seufzt die Tochter. „Der Thomas gefällt mir ja viel besser, aber der Florian hat so ein unheimlich süßes Meerschweinchen ...“

Liebe und Mißverständnisse

„Wer mit offenen Karten spielt, gilt nicht selten als Spielverderber."
(Hans-Dieter Schütt)

Von der Krähe und dem Pfau

Im Park des Palastes ließ sich eine schwarze Krähe auf den Ästen eines Orangenbaumes nieder. Auf dem gepflegten Rasen stolzierte ein Pfau. Die Krähe krächzte: „Wie kann man überhaupt einem solch merkwürdigen Vogel gestatten, diesen Park zu betreten. Er schreitet so arrogant, als wäre er der Sultan persönlich, und dabei hat er doch ausgesprochen häßliche Füße. Und sein Gefieder, in was für einem häßlichen Blau! Eine solche Farbe würde ich nie tragen! Seinen Schweif zieht er hinter sich her, als wäre er ein Fuchs." Die Krähe hielt inne und schwieg abwartend.

Der Pfau sagte eine Zeitlang gar nichts, dann begann er wehmütig lächelnd: „Ich glaube, deine Aussagen entsprechen nicht der Wirklichkeit. Was du an Schlechtem über mich sagst, beruht auf Mißverständnissen. Du sagst, ich bin arrogant, weil ich meinen Kopf aufrecht trage, so daß meine Schulterfedern sich sträuben und ein Doppelkinn meinen Hals verunziert. In Wirklichkeit bin ich alles andere als arrogant. Ich kenne meine Häßlichkeiten, und ich weiß, daß meine Füße ledern und faltig sind. Gerade dies macht mir soviel Kummer, daß ich meinen Kopf hoch trage, um meine häßlichen Füße nicht zu sehen. Du aber siehst nur meine Häßlichkeiten. Vor meinen Vorzügen und meiner Schönheit verschließt du die Augen. Ist dir das nicht schon aufgefallen? Was du häßlich nennst, bewundern die Menschen an mir."

Nach P. Etessami, Positive Psychotherapie

Wie Mißverständnisse entstehen

Zwischenmenschliche Aktionen vollziehen sich nicht nur als Austausch objektiver Informationen (Inhaltsebene). In dem, was wir sagen, schwingen unsere Erwartungen, Einstellungen und Erfahrungen mit und geben unserer Aussage bestimmte Akzente (Beziehungsebene). So erhält jede Information einen subjektiven Bedeutungscharakter, der abhängig vom Kontext unserer Erfahrungen ist. Deshalb sind die Ansichten zweier Menschen auch nie deckungsgleich, und die Inhalte und Bewertungen den Partnern auch nicht gleichermaßen zugänglich. Mißverständnisse entstehen also immer, wenn unsere Aussagen und unsere Verhaltensweisen bei anderen nicht so ankommen, wie wir es meinen, und der Partner sich in dem, was er sagt und erwartet, nicht verstanden fühlt. Getreu dem Motto *„Es gibt nichts Gutes oder Böses, unsere Gedanken machen es erst dazu"* entwickelt jeder von uns sein persönliches Wertsystem und seine individuellen Konzepte. Darunter versteht man die Art und Weise, wie ein Mensch sich seine Wirklichkeit konstruiert und seine Beziehungen zu sich selbst und zu seinen Mitmenschen gestaltet. Inhaltlich beziehen sich diese Konzepte auf die Aktualfähigkeiten und stellen schematisierte Denkformen, Verhaltens- und Erlebenskategorien dar.

Mißverständnisse sind also Knotenstellen zwischenmenschlicher Konflikte. Über die Mißverständnisse können auch auf die in einer Familie wirksamen Konzepte zurück geschlossen werden.

Mißverständnisse entstehen immer in Beziehungen; deshalb sprechen sie auch die unterschiedlichen Entwicklungs- und Erwartungsstadien der Interaktionen an.

Es folgt deshalb eine kurze, pointierte Beschreibung von Mißverständnissen, die in unserer Entwicklung wirksam sind.

Die Ursachen für Mißverständnisse zwischen Eltern und Kindern

Erziehungsziel – Erziehungsinhalt

„Erziehen heißt, das Kind zu sich selbst, zu seiner eigenen Persönlichkeit zu führen, nicht aber zu dressieren." *(Judith L. Bach)*

Es ist nötig, daß die Eltern sich bewußt mit ihren Erziehungszielen und Erziehungsinhalten auseinandersetzen: Warum, wozu und wofür erziehe ich mein Kind?

Lerne zu unterscheiden zwischen Bildung und Ausbildung!

Entwicklung – Fixierung

„Wenn wir immer nur das tun, was wir können, bleiben wir das, was wir sind."

Erziehung heißt, daß ein Kind angemessen im Einklang mit seiner jeweiligen Entwicklungsstufe weder unterfordert noch überfordert wird und ihm die Eltern oder Erzieher die Zeit gewähren, die für seine Reifung und Entwicklung nötig ist. Von seiten der Eltern ist dafür Geduld, Liebe, Vertrauen und Hoffnung erforderlich, damit sie Erziehungsvorbild sein können.

Lerne deinem Kind das zu geben, was er auf seiner Entwicklungsstufe benötigt!

Einzigartigkeit – Gleichheit

„Um ein tadelloses Mitglied einer Schafherde zu sein, muß man vor allem Schaf sein." (Albert Einstein)

Aufgabe der Eltern ist es, die Einzigartigkeit ihres Kindes zu erkennen und für dessen Entfaltung günstige Entwicklungsbedingungen zu schaffen.

Lerne zu unterscheiden zwischen Einzigartigkeit und Einförmigkeit!

Identifikation – Projektion

„Alles verstehen hieße alles verzeihen." (Thomas Mann in „Tonio Kröger")

Wünsche und Bedürfnisse sind Antriebe oder Motivationen unseres Verhaltens. Wenn wir nun andere Menschen und deren Verhalten beobachten, meinen wir, daß ihm die gleiche Motivation zugrunde liegt, die uns in einem ähnlichen Fall bewegt. Wir setzen also feste Verknüpfungen von Verhalten und Motivation voraus und schließen vom Verhalten auf die Absicht. Diese Methode führt dann eher zu subjektiven Interpretationen und birgt die Gefahr des Irrtums: Wenn ein Hund in die Ecke macht, wird diese naß; aber nicht in jede nasse Ecke hat ein Hund gemacht!

Identifikation bedeutet, sich in einen Partner zu versetzen, um schließlich zu denken und zu handeln wie dieser Mensch. Das meiste Lernen erfolgt durch Identifikation und Nachahmung eines Vorbildes. Oft wird nicht die ganze Person, sondern nur bestimmte Eigenschaften nachgeahmt. Problematisch wird es nur, wenn das Identifikationsmodell verabsolutiert wird.

Projektion bedeutet dagegen die Übertragung bewußter oder unbewußter Erwartungen und eigener Persönlichkeitsmerkmale auf die Umwelt und die sozialen Partner.

Lerne zu unterscheiden zwischen eigenen und fremden Motiven!

Gesundheit – Krankheit

„Ein guter Arzt muß seinem Patienten aus der Seele sprechen, wenn er von dessen Krankheit redet." (Gerhard Uhlenbruck)

In unserer Gesellschaft ist es üblich, mit einem Kind schon bei relativ geringen körperlichen Beschwerden zum Arzt zu gehen. Kranke Kinder werden mit besonderer Rücksicht behandelt. Ein Kind dagegen, das schlechte Schulleistungen aufweist, frech, trotzig oder unordentlich ist, stößt in erster Linie auf Unverständnis und Ablehnung der Eltern. Verhaltensstörungen gelten selten als Krankheit und werden deshalb eher bestraft, als daß ein Fachmann befragt wird.

Lerne zu unterscheiden zwischen körperlicher und seelischer Krankheit!

Sex – Sexualität – Liebe

„Eine Frau ist keine Gitarre, die man nach dem Spielen an die Wand hängt." (Russisches Sprichwort)

Sex umfaßt den Bereich der körperlichen Funktionen, die durch sachliche und zeitgemäße Aufklärung vermittelt werden.

Sexualität bezieht sich auf die Eigenschaften und Fähigkeiten eines Menschen in einer geschlechtlich-partnerschaftlichen Beziehung. Hier fließen die Aktualfähigkeiten ein.

Liebe ist die jedem Menschen eigene Fähigkeit zu einer emotionalen Beziehung, dabei spielt das Vorbild der Eltern eine zentrale Rolle. In ihrer Konsequenz führt die Liebesfähigkeit zur Anerkennung der menschlichen Gleichberechtigung und zur Verantwortung. Sex und Sexualität alleine machen den Partner beliebig austauschbar, während die Liebe die Einzigartigkeit der Person anerkennt.

Lerne zu unterschieden zwischen Sex – Sexualität – Liebe!

Glaube – Religion – Kirche

„Ein wenig Wissenschaft entfernt von Gott, viel jedoch führt zu ihm zurück." (Blaise Pascal)

Jeder Mensch hat die Fähigkeit zu glauben, also eine Beziehung zum Unbekannten und Unerkennbaren herzustellen. Glaube umfaßt dabei nicht nur religiöse Themen, sondern auch Fragen nach dem Sinn des Lebens und über das Leben nach dem Tod. Diese Fähigkeit des Menschen zu glauben wird durch die Religion angesprochen. Welcher Religion sich ein Mensch zugehörig fühlt und wie er sie lebt, hängt viel von dem Vorbild der Eltern und der Gesellschaftstradition ab. Aufgabe der Religion ist es, dem Menschen über Glaubenssätze und Regeln Werte, Ziele und Sinn zu geben (Sinngebung), während die Wissenschaft über Erklärungen und logische Gesetzmäßigkeiten zur Sinnfindung beiträgt. Die Kirche ist dann letztlich nur die Institution, also das Werkzeug zur Vermittlung der Religion und deshalb ihr untergeordnet.

Lerne zu unterscheiden zwischen Glaube – Religion – Kirche!

Relativität der Werte

„Ein Unterschied ist kein Widerspruch." *(Friedrich Georg Jünger)*

Jeder Mensch erwirbt seine eigenen Wertvorstellungen durch seine Lebenserfahrungen und entwickelt dabei oft die Tendenz, sie auch für andere zum allgemein gültigen Maßstab zu machen. Die meisten zwischenmenschlichen Konflikte haben ihre Ursache in Mißverständnissen durch unterschiedliche Bewertungsmaßstäbe.

Lerne zu unterscheiden zwischen absoluten und relativen Werten!

Angeboren – erworben

„Das Kind fällt von der Familie ab wie eine Frucht vom Baum."
(Kurt Guggenheim)

Die Frage, ob etwas angeboren oder erworben ist, ist für viele Eltern von lebensnahem Interesse: „angeboren" wird unwillkürlich mit zwingend, unbeeinflußbar und hoffnungslos verknüpft; „erworben" klingt dagegen nach Hoffnung und Veränderbarkeit. Oft genug wird „vererbt" aber auch als Ausrede benutzt. Sicher sind jedem Menschen eine Menge von Fähigkeiten angeboren, letztlich hängt es aber von den Entwicklungsbedingungen ab, welche dieser Anlagen entwickelt oder vernachlässigt werden. Es kommt also darauf an, die Chancen zu entdecken und zu nutzen.

Lerne zu unterscheiden zwischen „angeboren" und „erworben".

Mensch – Tier

„Was man verachtet, das unterschätzt man." *(Robert Walser)*

Unterschiede zwischen Tier und Mensch lassen sich in den drei Entwicklungsdimensionen – Körper – Umwelt – Zeit – definieren.

Körper: Ein Mensch hat im Gegensatz zum Tier die Fähigkeit, seinen Körper auch zu erleben und damit selbst aktiv und bewußt Einfluß auf ihn zu nehmen.

Umwelt: Während das Tier instinktmäßig reagiert, ist der Mensch in der Lage, Fertigkeiten zu erlernen, Fähigkeiten zu entwickeln und Regeln und Normen zu befolgen.

Zeit: Der Mensch unterscheidet sich vom Tier durch die Fähigkeit, historisch in den Zeitkategorien – Vergangenheit – Gegenwart – Zukunft – zu denken und sich durch Nutzung von Erfahrungen und Traditionen weiterzuentwickeln.

Eine Gleichstellung von Tier und Mensch würde diesen zu einem Triebwesen, das dressiert werden muß, herabsetzen.

Lerne zu unterscheiden: Durch den Körper leben – den Körper erleben!

Statt instinktmäßig reagieren – Fähigkeiten entwickeln!

Nicht nur in der Gegenwart leben, sondern aus der Vergangenheit für die Zukunft lernen!

Mann – Frau

„Eine Frau kann einen Mann zum Bettler oder zum König machen.“

(Orientalische Weisheit)

Kaum ein Gebiet ist mit stärkeren Emotionen und Vorurteilen besetzt als das Verhältnis von Mann und Frau. Vor allem auch in der Erziehung hat dieses Mißverständnis großen Einfluß, wirkt es sich doch auf das Sozialverhalten und vor allem das Geschlechtsrollenverhalten aus.

Lerne zu unterscheiden zwischen Geschlecht als Folge der Natur und Geschlechtsrolle als Folge der Erziehung!

Urteil – Vorurteil

„Das Vorurteil schließt jede Wahrheitsfindung aus.“ (Gerhard Uhlenbruck)

Ein Vorurteil ist ein unzeitgemäßes Urteil, das mit starken Emotionen besetzt ist und für viele zwischenmenschliche Konflikte und Erziehungsprobleme verantwortlich ist. Es kann vor allem die Erwartungshaltungen der Bezugspersonen bestimmen. Dabei kann sich ein Vorurteil auch auf *positive* Eigenschaften eines Kindes beziehen und es so überfordern.

Lerne zu unterscheiden zwischen Urteil und Vorurteil!

Gerechtigkeit – Liebe

„Man muß lieben lernen, um gerecht sein zu können.“ (Romano Guardini)

Erziehung in der Balance von Gerechtigkeit und Liebe bedeutet sinnvolle Forderungen an das Kind zu stellen, bei Versagen aber zwischen mangelnder Leistung und ihm selbst zu unterscheiden. Nur solch ein Verhalten der Erzieher gibt dem Kind die Chance, aus seinen Fehlern lernen zu können.

Lerne zu unterscheiden zwischen Liebe und Gerechtigkeit!

Generalisierung – Unterscheidung

„Von der Bosheit der anderen sollten wir nicht auf die eigene Güte schließen."
(Gerhard Uhlenbruck)

Unsere menschliche Fähigkeit zu lernen, setzt voraus, daß wir in der Lage sind, von einem Ereignis Rückschlüsse auf ein anderes zu ziehen und uns in entsprechenden Situationen gleich zu verhalten. Erst diese Generalisierung ermöglicht uns, Wahrnehmungen zusammenzufassen, Oberbegriffe zu bilden und abstrakt zu denken und so die Anforderungen unserer Umwelt zu bewältigen. Unreflektierte Rückschlüsse können aber zu Fehleinschätzungen führen und die Quelle von Mißverständnissen sein. In unseren sozialen Beziehungen kann sich solch eine Verallgemeinerung einmal als Einengung unseres Wertgesichtsfeldes äußern, wenn nämlich bestimmte Bereiche oder Aktualfähigkeiten einseitig entwickelt werden. Zum anderen liegt eine Gefahr darin, wenn aus bestimmten Erlebnissen mit einem Menschen oder aus einzelnen seiner Eigenschaften auf den ganzen Menschen geschlossen wird.

Lerne zu unterscheiden zwischen dem Teil und dem Ganzen!

Bewußtes und Unbewußtes

„Liebe macht blind."

Zur Bewältigung unseres Lebens ist es nötig, daß viele körperliche und seelische Funktionen automatisch ablaufen. Körperliche Vorgänge, aber auch unser Verhalten und besonders zwischenmenschliche Interaktionen laufen automatisch ab, ohne daß wir uns der Ursprünge und Motive bewußt wären. Manchmal ertappen wir uns dabei, etwas zu tun, was wir gar nicht beabsichtigt haben, oder wir erkennen Erziehungsmaßnahmen wieder, die wir garantiert *nicht* unseren Eltern nachmachen wollten.

Lerne zu unterscheiden zwischen Bewußtem und Unbewußtem!

Identitätskrise – Umbruchphase

„Wie die Alten sungen – darauf pfeifen die Jungen." *(Gerhard Uhlenbruck)*

In den verschiedenen Entwicklungsabschnitten des Lebens wird jeder Mensch mit Veränderungen und Herausforderungen konfrontiert, die sein Selbstverständnis betreffen. Dabei handelt es sich nicht nur um körperliche Wachstums- und Reifungsprozesse, sondern vor allem auch um veränderte Rollenanforderungen und Sozialbeziehungen. Ganz besonders die Pubertät ist die Phase der Identitätssuche und mit den vielschichtigsten inneren und äußeren Veränderungen verbunden. Weitere Umbruchphasen im Leben sind beispielsweise Einschulung, Einstieg ins Berufsleben, Heirat, Pensionierung, Wechseljahre, Tod einer Bezugsperson ... Allen diesen Situationen gemeinsam ist die Ablösung, das Abschiednehmen von Bekanntem und die Weiterentwicklung zu neuen Beziehungsebenen – zu sich selbst und zu anderen. Voraussetzung dafür ist das Vertrauen.

Lerne zu unterscheiden zwischen Energiemangel und falscher Kanalisierung!

Einheitsverlust – Integration

„Unser Leben ist das, was unsere Gedanken aus ihm machen.“ (Marc Aurel)

Aus Disharmonien in den zwischenmenschlichen Interaktionen entwickeln sich oft Konflikte, die zur seelischen Dauerbelastung werden und Krankheiten nach sich ziehen. Sinn einer Störung oder Krankheit wäre es, die Chance zu nutzen, die Einheit der Persönlichkeit wiederherzustellen und sie weiterzuentwickeln.

Lerne zu unterscheiden zwischen Krise als Gefahr und Krise als Chance!

Bestimmtes und bedingtes Schicksal

„Jeder ist seines Glückes Schmied – falls er nicht Angst hat, ein heißes Eisen anzupacken.“ (Gerhard Uhlenbruck)

Bestimmung nennen wir ein unausweichliches Schicksal: jeder Mensch, der geboren wird, muß auch sterben. Welche Lebensgeschichte dieser Mensch aber zwischen Geburt und Tod erlebt, ist sein bedingtes Schicksal. Dieses gibt nicht nur einen Weg vor, sondern läßt verschiedene Wahlmöglichkeiten für jedes Individuum. Und in der Kindheit liegt ein Teil des Schicksals der nächsten Generation in den Händen der Eltern und Erzieher.

Lerne zu unterscheiden zwischen bedingtem und bestimmtem Schicksal!

Tod und Einstellung zum Tod

„Ich kann dem Leben nicht mehr Tage geben, aber jedem Tag mehr Leben!“

In unserem Leben begegnen wir dem Tod und Sterben in vielfältiger Weise. Betroffen sind wir aber meist erst dann, wenn ein Mensch stirbt, den wir kannten und zu dem wir eine emotionale Beziehung hatten. Das gefühlsmäßige Erlebnis von Tod und Trauer bekommt besonderes Gewicht durch die aus der Kindheit aktualisierten Trennungs- und Verlassenheitsängste. Immer werden aber auch Gedanken an den eigenen Tod wachgerufen. Der Tod gehört für uns zum bestimmten Schicksal und trotzdem ist die Einstellung jedes Menschen dazu verschieden.

Lerne zu unterscheiden zwischen dem Tod und der Einstellung zum Tod!

Lebensweisheiten und Anekdoten

Was nicht in uns selber ist, regt uns nicht auf. (Hermann Hesse)
Einen Krieg beginnen, heißt nichts weiter als einen Knoten zu zerhauen, anstatt ihn aufzulösen. (Christian Morgenstern)
Seinen Gegner anhören ist würdiger, als ihm das Wort zu verbieten. (Herbert Böhme)
Leute, denen man nie widerspricht, sind entweder die, welche man am meisten liebt, oder die, welche man am geringsten achtet. (Marie von Ebner-Eschenbach)
Wer mit sich selbst nicht im Reinen ist, findet überall Feinde. (Chinesisches Sprichwort)
Selbst von einem Feind kann der Mensch Weisheit lernen. (Aristophanes)
Nicht jene, die streiten, sind zu fürchten, sondern jene, die ausweichen. (Marie von Ebner-Eschenbach)
Der Grund, warum wir zwei Ohren und nur einen Mund haben, ist, damit wir mehr zuhören und weniger plaudern. (Zeno)
Das echte Gespräch bedeutet: Aus dem Ich heraustreten und an die Türe des Du klopfen. (Albert Camus)

Lehrer: „Martin, wie viele Kinder seid ihr zu Hause?“ Martin: „Sechs Jungen, und jeder von uns hat eine Schwester.“ Lehrer: „Dann seid ihr also 12 Kinder!“ Martin: „Nein, bloß sieben!“

Mutter- und Vatertypen

„Die Kindheit verjährt nie!“ (Charles Tschopp)

Theorie und Praxis der Menschenkenntnis

Ein gelehriger junger Mann, den es nach Wissen und Weisheit dürstete, hatte unter vielen Entbehrungen fern seiner Heimat, in Ägypten, die Physiognomie, die Wissenschaft der Ausdruckskunde, studiert. Sechs Jahre hatten seine Studien gedauert. Schließlich legte er seine Prüfung mit bestem Erfolg ab. Voll Freude und Stolz ritt er in seine Heimat zurück. Jeden, den er unterwegs traf, sah er mit den Augen seiner Wissenschaft an, und um seine Kenntnisse zu erweitern, las er im Gesichtsausdruck aller, die ihm begegneten. Eines Tages traf er einen Mann, in dessen Gesicht er folgende sechs Eigenschaften ausgeprägt fand: Neid, Eifersucht, Gier, Habsucht, Geiz und Rücksichtslosigkeit. „Bei Gott, was für ein ungeheurer Gesichtsausdruck, so was habe ich noch nie gesehen und gehört. Ich könnte hier meine Theorie prüfen.“ Während er dies dachte, kam der Fremde mit einer freundlichen, gütigen und demütigen Haltung auf ihn zu: „O Scheich! Es ist schon spät am Tage, und das nächste Dorf ist weit weg. Meine Hütte ist klein und dunkel, aber ich werde dich auf meinen Armen tragen. Welche Ehre wäre es für mich, wenn ich dich diese Nacht meinen Gast nennen dürfte, und wie glücklich würde mich deine Anwesenheit machen!“ Verwundert dachte unser Reisender: „Wie erstaunlich! Welch ein Unterschied besteht zwischen den Reden dieses Fremden und seinem abscheulichen Gesichtsausdruck.“ Diese Erkenntnis erschreckte ihn zutiefst, und er begann an dem, was er sechs Jahre gelernt hatte, zu zweifeln. Um sich Gewißheit zu verschaffen, nahm er die Einladung des Fremden an. Dieser verwöhnte den Gelehrten mit Tee, Kaffee, Säften, Gebäck und einer Wasserpfeife. Er überhäufte seinen Gast mit Liebenswürdigkeiten, mit Aufmerksamkeit, Güte und

Höflichkeit. Drei Tage und Nächte gelang es dem Gastgeber, unseren Reisenden bei sich zu halten. Endlich war es dem Gelehrten möglich, sich der gastfreundlichen Höflichkeit zu erwehren und den festen Entschluß zur Weiterreise zu fassen.

Als der Abschied gekommen war, reichte sein Gastgeber ihm einen Briefumschlag mit den Worten: „O Herr! Das ist eure Rechnung." „Welche Rechnung?" fragte verwundert der Gelehrte. Wie man ein Schwert aus der Scheide zieht, zeigte der Gastgeber plötzlich sein wahres Gesicht. Er zog seine Stirn in strenge Falten und schrie mit böser Stimme: „So eine Unverschämtheit! Was hast du dir denn gedacht, als du hier alles gegessen hast? Hast du gedacht, daß alles umsonst war?" Bei diesen Worten kam der Gelehrte mit einem Schlag zu sich, und schweigend öffnete er den Brief. Er sah, daß das, was er gegessen und nicht gegessen hatte, hundertfach in Rechnung gestellt worden war. Nicht die Hälfte des Geldes trug er bei sich, das von ihm gefordert wurde. Notgedrungen stieg er vom Pferd und gab es seinem Wirt, dazu den Sattel mit allem Gepäck, und als dies noch nicht reichte, zog er auch noch sein Reisekleid aus. Zu Fuß machte er sich auf den Weg. Wie verzückt beugte er seinen Oberkörper bei jedem Schritt und Tritt. Man hörte noch über eine lange Strecke seine Stimme: „Gott sei Dank, Gott sei Dank, daß meine sechs Jahre Studium nicht vergeblich waren!" nach 'Abdu'l-Bahá

Vielleicht erkennen Sie sich wieder ...

Typen sind abstrakte Zusammenfassungen gemeinsamer Merkmale und damit Vereinfachungen, die die bunte Vielfalt der Wirklichkeit nur bedingt wiedergeben. Die Erziehungswirklichkeit besteht ja auch eher aus Mischformen der Elterntypen, deren Rollenverständnis auch nicht schicksalhaft gleich bleibt, sondern sich den Entwicklungsstadien der Kinder anpassen sollte.

Verschiedene Muttertypen

Die Berufsmutter: Diese Mutter ist in erster Linie für ihre Kinder da; sie kocht, putzt und hält alles für die Kinder in Ordnung.

Die Puppenmutter: Die Liebe dieser Mutter erstreckt sich nur auf das Kleinkind. Solange die Kinder klein und hilflos sind, tut die Mutter alles für sie; je größer die Kinder werden, desto mehr zieht die Mutter ihre Zuwendung zurück.

Die Opfermutter: Für eine sorgfältige Erziehung der Kinder und einen vorbildlichen Haushalt opfert diese Mutter ihre Zeit und Freiheit. In ihrer Aufopferung ist sie glücklich und vergißt darüber sich selbst und ihre Interessen. Später erwartet sie Dankbarkeit und Anerkennung von ihren Kindern.

Die Angstmutter: Diese Mutter ist übervorsichtig und versucht, ihren Kindern alle Schwierigkeiten aus dem Weg zu räumen. In allen Dingen sieht sie das Negative und die Gefahren.

Die Mutter vom Typ des beweglichen Bücherschrankes: Für diese Mutter ist Erziehung ihrer Kinder eine Pflicht. Dabei ist sie übergenau, hält sich strikt an Pläne und Bücher, läßt es aber an der natürlichen Zuwendung und Liebe fehlen.

Die fremde Mutter: Diese Mutter zeigt ihren Kindern nicht, daß sie sie liebt. Nur heimlich während des Schlafes ist sie zärtlich zu ihnen. Sonst ist ihr Erziehungsstil steril und perfektioniert.

Die kameradschaftliche Mutter: Sie ist der Kumpel ihrer Kinder, geht auf alle ihre Nöte ein und identifiziert sich mit ihnen. Allerdings kann sie nichts abschlagen und keine Grenzen setzen, sie verschiebt die Erziehung auf später.

Die eifersüchtige Mutter: Wenn die Kinder selbständig werden und sich langsam ablösen, wird diese Mutter unruhig, kommt sich überflüssig vor und wirft den Kindern Undankbarkeit vor. Sie versucht ihre Position zu behaupten, indem sie sich auch bei den erwachsenen Kindern in alle Angelegenheiten einmischt.

Die zeitweilige Mutter: Durch Berufstätigkeit oder andere Beschäftigungen wird die Erziehung der Kinder vernachlässigt. Zeitweilig – wenn sie dann abends nach Hause kommt – versucht diese Mutter alles nachzuholen und überschüttet ihre Kinder oft mit Zuwendung und Spielzeug.

Verschiedene Vatertypen

Der Vater als Geduldsengel: Dieser Vater zeigt sich den Kindern gegenüber besorgt, ist geduldig und gibt ihnen emotionale Zuwendung. Problemen geht er aber eher aus dem Weg.

Der Vater als Theoretiker: Worte sind seine starke Seite, Taten sind nicht seine Sache. Er erzieht mit Grundsätzen, berücksichtigt dabei weniger die Einzigartigkeit des Kindes.

Der hartnäckige Vater: Seine Kinder sollen arbeiten, nicht spielen, damit sie etwas erreichen und Erfolg haben. Hartnäckig bestimmt er, was die Kinder tun müssen und lassen sollen. Freiheit und Spielraum für eigene Betätigungen läßt dieser Vater nicht zu.

Der Diktator: Er dressiert seine Kinder wie Soldaten. Mit strenger Disziplin und Forderung von unbedingtem Gehorsam tritt er energisch für Ordnung, Fleiß, Pünktlichkeit und Sparsamkeit ein. In seinem Innersten ist er oft gutherzig, versteht es aber nicht, Milde und Strenge zu vereinen. Auf seinen Regeln besteht er, wenn er auch einen gewissen kleinen Spielraum läßt.

Der Vater als Zauberer: Er läßt den Kindern volle Freiheit und erlaubt ihnen alles, wenn es ihm gerade paßt. Die Kinder betrachten diesen Vater als idealen Spielkamerad, während die Mutter später alles auszubaden hat.

Der souveräne Vater: Er behandelt seine Kinder wie Erwachsene; er lobt und tadelt nicht. Dieser Vater glaubt, er könne durch seine bloße Anwesenheit die Kinder erziehen und als „stummer Diener" seiner Erziehungspflicht genügen.

Lebensweisheiten und Anekdoten

Kinder, die man nicht liebt, werden Erwachsene, die nicht lieben. (Pearl S. Buck)

Kinder sind nicht dümmer als Erwachsene, sie haben nur weniger Erfahrung. (Janusz Korczak)

Unglück mit Kindern beginnt meistens schon eine Generation vorher. (Salomon Baer-Oberdorf)

Aus Kindern, die zuviel dürfen, werden Erwachsene, die zu wenig können. (Oliver Hassenkamp)

Zuerst ist die Liebe der Kinder eine blinde Liebe; später beginnen sie ihre Eltern zu beurteilen; manchmal verzeihen sie ihnen sogar ihre Fehler. (Oscar Wilde)

Der Himmel ist zu den Füßen der Mutter. (Orientalische Weisheit)

Wenige sind wie Vater, keiner wie Mutter. (Isländische Weisheit)

Zu einem geizigen Vater gehört ein verschwenderisches Kind. (aus Frankreich)

„Warum brüllt denn ihr Kind wie am Spieß?" „Ach, es ist nichts weiter. Mein Junge hat nur ein Loch in den Sand gegraben, und nun will er es unbedingt mit nach Hause nehmen."

Susanne Spitzbeck hat den Kleinen zum x-ten Mal ins Bett gebracht. Immer wieder stöhnt seine Stimme: „Mama!“. Die Mutter ist mit der Geduld am Ende und brüllt ins dunkle Zimmer: „Wenn du noch einmal Mama schreist, dann setzt es was!“ – Stille! – Kaum hat sie sich in den Sessel fallen lassen, ruft es aus dem Kinderzimmer: „Frau Spitzbeck, kann ich was zu trinken haben?“

„Junge, was denkst du dir? Du willst 10 Mark von mir. Als ich noch in deinem Alter war, habe ich nur um Pfennige gebeten!“ – „Okay Daddy, gib mir bitte 1000 Pfennige.“

Wenn der Sohn eines Rechtsanwalts sitzenbleibt, wird er das seinem Vater so beibringen: „Papi, mein Vertrag mit der vierten Klasse ist um ein Jahr verlängert worden.“

„Wir haben Hans zu streng erzogen“, sagt die Mutter abends. „Warum?“ braust der Vater auf. „Heute früh wurde unser Kind im Kindergarten nach seinem Namen gefragt, und er antwortete: ‚Hans, laß das‘!“

Geschichten, Anekdoten und Spruchweisheiten zum Leben

„Sprichwörter sprechen Bände." (Gerhard Uhlenbruck)

Das passende Wort

Ein Herrscher aus alten Zeiten grübelte über die Fragen des Lebens nach. Weil ihn das Wesen von Gut und Böse beschäftigte, befahl er seinem Diener, die Organe zu bringen, die am besten, schönsten und wertvollsten seien. Der Diener brachte das Herz und die Zunge eines Tieres. Der Herrscher schaute sich die Organe an, dachte über deren Sinn nach und schickte den Diener nun, die häßlichsten und schlechtesten Organe zu holen. Der ging und brachte wiederum ein Herz und eine Zunge. Erstaunt fragte der Herrscher seinen Diener: „Du bringst Herz und Zunge als die besten Organe, aber auch gleichzeitig als die schlechtesten, wie kommt das?" Der Diener antwortete bescheiden: „Wenn das, was ein Mensch fühlt und denkt, offen von Herzen kommt und die Zunge nur Wahres ehrlich sagt, sind Herz und Zunge die wertvollsten Organe. Der Mensch, dem sie gehören, fühlt sich gesund und glücklich. Wenn aber das Herz zu einer Mördergrube wurde, die Wünsche verleugnet, und die Zunge Unwahres und Falsches sagt, sind beide Organe die reine Strafe für den Menschen, dem sie gehören. Die Zwietracht, die er nach außen sät, erfüllt auch sein Inneres, und das Glück hat sich von ihm gewandt."

Positive Psychotherapie

Ein Bild sagt mehr als 1000 Worte!

Diese chinesische Weisheit erläutert in knapper Form die Gründe, warum Geschichten, Anekdoten, Mythologien und Spruchweisheiten leichter zum Ziel führen als abstrakte Erklärungen. Zum einen wird durch diese Bildersprache der Bereich der Phantasie und Intuition angesprochen und so auch die Ressourcen der rechten Hirnhälfte mobilisiert; zum anderen wird die direkte verbale Konfrontation mit einem Problem, und damit die Bildung von Widerständen vermieden. Beides zusammen öffnet das Tor zur Phantasie und bewirkt einen Standortwechsel, so daß Probleme in einem anderen Licht erscheinen. Dieser Effekt wird besonders dadurch gefördert, daß orientalische Geschichten für unseren Kulturkreis einen großen Verfremdungseffekt haben. Deshalb eignen sich diese Erzählungen hervorragend für die erzieherische Anwendung, denn sie beziehen sich inhaltlich meist auf ein abgegrenztes Problem, sind dabei in einer allgemeinverständlichen Sprache abgefaßt und bieten meist eine humorvoll-komische Pointe an, über die man lachen kann.

In der Positiven Psychotherapie können die Geschichten viele Funktionen haben:

- **Geschichten sind wie Spiegel**

Der Hörer erkennt sich in der Geschichte wieder und kann sich über die Bildersprache meist spontan mit den Helden identifizieren. Er gewinnt Distanz zu seinen Problemen und sagt in seinen Assoziationen zur Geschichte etwas über seine Konflikte und Wünsche aus.

- **Geschichten zeigen Lösungsmöglichkeiten**

Für die Konfliktsituationen bietet die entsprechende Geschichte meist eine ganze Palette von Interpretationen und Lösungsmöglichkeiten an. Sie lädt ihre Zuhörer zur Nachahmung ein und ermutigt zum Probehandeln.

- **Geschichten bieten Schutz**

Geschichten stehen in der Positiven Psychotherapie zwischen Therapeut und Patient als Filter und Schutz. Beim Patienten verhindern sie, daß er sich frontal angegriffen fühlt und deshalb Widerstände aufbaut.

- **Geschichten werden gut erinnert**

Die Bildersprache ist einfach gut zu behalten und sie aktiviert die Selbsthilfepotentiale des Hörers oder Lesers und machen ihn relativ unabhängig vom Therapeuten.

- **Geschichten tradieren Kultur**

Die Inhalte der Geschichten geben Auskunft über die kulturellen und gesellschaftlichen Konzepte der Herkunftsregion und der jeweiligen Epoche.

- **Geschichten vermitteln zwischen Kulturen**

Geschichten sind immer Repräsentanten einer Kultur und ihrer Spielregeln und Denkmodelle.

- **Geschichten regen die Phantasie an**

Ganz besonders bei Kindern sprechen die Geschichten den Bereich der Intuition an und ermöglichen eine Regression in die Phantasie. Dabei werden frühere Verhaltensweisen reaktiviert und Probleme in der Phantasie ausagiert. Gleichzeitig werden aber auch zukünftige Erwartungen transparent gemacht und zum eigenen Gestalten angeregt. Über die inhaltliche Eingrenzung der Probleme erfolgt aber immer nur eine partielle Regression, so daß auch Ich-schwache Patienten davon Nutzen haben.

- **Geschichten bieten Alternativen an**

Jede Geschichte bietet meist mehrere Gegenkonzepte für den Patienten an, weil sie auch mehrere Interpretationen zuläßt. Der Patient selbst wählt aus, was er ablehnt oder zum Ausprobieren im Alltag akzeptiert.

- **Geschichten zeigen einen neuen Blickwinkel**

Sehr oft ist die Antwort des Hörers auf die Geschichten ein spontanes Lachen oder zumindest ein Schmunzeln; das entschärft die Spannung und zeigt den Überraschungseffekt. Bekannte Situationen und Verhaltensweisen werden dadurch aber aus einem anderen Blickwinkel gesehen und neue – manchmal auch ungewöhnliche – Lösungsmöglichkeiten rücken ins Blickfeld.

Fragen für die konkreten Arbeit mit Geschichten

Welche *Eigenschaften* sind mir von der *Hauptperson* in Erinnerung?
Mit welcher Person identifiziere ich mich?
Hat die Hauptperson der Geschichte einen Gegenspieler?
Welche Qualitäten hat diese Person als Gegenspieler?
Ist die Hauptperson (= Identifikationsfigur) alleine oder in einer Gruppe, die sie unterstützt?
Um was geht es für die Hauptperson?
Wie überlebt diese Hauptperson, wenn sie überlebt?
Welche Hauptpersonen, die für mich in der *Kindheit* wichtig waren, würden für mich eine Rolle spielen und welche?
Welche Hauptpersonen, die für mich *jetzt* wichtig sind, würden für mich eine Rolle spielen und welche?

Anregung: Gerade bei Kindern und Jugendlichen ist es sinnvoll, die Geschichten zeichnen, malen, spielen oder pantomimisch darstellen zu lassen.

Lebensweisheiten und Anekdoten

Schön ist eigentlich alles, was man mit Liebe betrachtet.
(Christian Morgenstern)
Schöne Dinge wachsen inmitten der Dornen. (Afrikanische Weisheit)

Der Geschichtenerzähler

Wie man Geschichten erzählen soll? So, daß sie einem selbst helfen! Mein Großvater war lahm. Einmal bat man ihn, eine Geschichte von seinem Lehrer zu erzählen. Da erzählte er, wie der große Baalschem beim Beten zu hüpfen und zu tanzen pflegte. Mein Großvater stand und erzählte, und die Erzählung riß ihn so hin, daß er hüpfend und tanzend zeigen mußte, wie der Meister es gemacht hatte. Von der Stunde an war er geheilt. So soll man Geschichten erzählen!

Chassidische Legende

Von der Kraft, das Leben in die Hand zu nehmen

✳

Wie die Positive Psychotherapie Eltern und Erzieher zur Selbsthilfe ermutigt

Die fünf Stufen der Selbsthilfe

„Wenn es einen Glauben gibt, der Berge versetzen kann, so ist es der Glaube an die eigene Kraft.“ (Marie von Ebner-Eschenbach)

Vom Mut eine Probe zu wagen

Ein König stellte für einen wichtigen Posten den Hofstaat auf die Probe. Kräftige und weise Männer umstanden ihn in großer Menge. „Ihr weisen Männer“, sprach der König, „ich habe ein Problem und ich möchte sehen, wer von euch in der Lage ist, dieses Problem zu lösen.“ Er führte die Anwesenden zu einem riesengroßen Türschloß, so groß, wie es keiner je gesehen hatte. Der König erklärte: „Hier seht ihr das größte und schwerste Schloß, das es in meinem Reich je gab. Wer von euch ist in der Lage, das Schloß zu öffnen?“ Ein Teil der Höflinge schüttelte nur verneinend den Kopf. Einige, die zu den Weisen zählten, schauten sich das Schloß näher an, gaben aber zu, sie könnten es nicht schaffen. Als die Weisen dies gesagt hatten, war sich auch der Rest des Hofstaates einig, dieses Problem sei zu schwer, als daß sie es lösen könnten. Nur ein Wesir ging an das Schloß heran. Er untersuchte es mit Blicken und Fingern, versuchte es auf die verschiedenen Weisen zu bewegen und zog schließlich mit einem Ruck daran. Und siehe, das Schloß öffnete sich. Das Schloß war nur angelehnt gewesen, nicht ganz zugeschnappt, und es bedurfte nichts weiter als des Mutes und der Bereitschaft, dies zu begreifen und beherzt zu handeln. Der König sprach: „Du wirst die Stelle am Hof erhalten, denn du verläßt dich nicht nur auf das, was du siehst oder was du hörst, sondern setzt selber deine eigenen Kräfte ein und wagst eine Probe."

Positive Psychotherapie

Der Arm, der dir hilft, ist dein eigener Arm

Eine tragende Säule der Positiven Psychotherapie ist das fünfstufige Vorgehen, das wie ein roter Faden die Behandlung durchzieht und dabei vor allem für die Patienten und deren Bezugspersonen und den Therapeuten eine praktische Orientierung darstellt. Dabei stehen die fünf Stufen aber immer in einem dynamischen Zusammenhang. Sie laufen nicht eine nach der anderen ab, sondern greifen als lebendiger Prozeß ineinander.

Ein Beispiel soll das verdeutlichen: Wenn wir uns über jemanden wegen seiner Unhöflichkeit ärgern, liegt es nahe, uns innerlich beunruhigt zu fühlen, offen über ihn zu schimpfen oder mit anderen über ihn und seine Schwächen zu sprechen. Weiterhin werden wir ihn plötzlich nicht mehr als Menschen mit seinen vielfältigen Fähigkeiten sehen, sondern nur noch als den Unhöflichen, Flegelhaften, der uns durch seine Unhöflichkeit beleidigt hat. Man ist nicht mehr in der Lage, sich mit den positiven Eigenschaften dieses Menschen zu beschäftigen, da sich die negativen Erlebnisse wie ein Schatten auf die Beziehung zu ihm gelegt haben. Folglich wird man wenig bereit sein, sich mit dem Betreffenden auseinanderzusetzen, die Kommunikation ist also eingeschränkt. Schließlich kommt es sogar so weit, daß man sich selbst, gewissermaßen um die anderen zu bestrafen, in den eigenen Zielen einschränkt. Das fünfstufige Vorgehen in der Positiven Psychotherapie bietet eine Möglichkeit an, um aus einer solchen Entwicklungskette herauszukommen.

1. Stufe: Können Sie aufmerksam zuhören? (Beobachtung/Distanzierung)

Die Konfliktbeteiligten verhalten sich oft wie jemand, der so nahe vor einem Bild steht, daß er es fast mit der Nase berührt. Jeder sieht lediglich einen kleinen Ausschnitt, ohne die Umgebung und den Rahmen wahrzunehmen. Deshalb ist es wichtig, daß die Konfliktpartner zunächst einmal einen Schritt zurücktreten, um sich einen Überblick über die Szene zu verschaffen. Dazu schreiben alle Beteiligten – jeder für sich – auf, über was oder wen und wann er sich ärgert und welche Anlässe es auch gibt, über die er sich freut. Damit ist der erste Schritt zur Differenzierung und Distanzierung eingeleitet, der zusätzlich durch die positiven Deutungen des Therapeuten unterstützt wird. Wichtig ist dabei, die wiederkehrenden und mikrotraumatisch wirkenden Faktoren wahrzunehmen, inhaltlich einzuordnen und für die erst später erfolgende Verbalisierung des Problems gegenwärtig zu haben. Das Aufschreiben der Ereignisse dient gleichzeitig zur Abkühlung der Emotionen, so daß es den Konfliktpartnern immer besser möglich wird, auf sofortige Kritik zu verzichten. Über die Beschäftigung mit den eigenen Notizen üben alle Beteiligten, die Problemsituation aus verschiedenen Blickwinkeln zu sehen, sich auch in die Sichtweisen der anderen hineinzuversetzen, die Beunruhigung zu ertragen und sich alternative Vorschläge zu überlegen.

Praktische Anregungen:

Schreiben Sie die Konfliktsituation genau auf:

Worüber habe ich mich wann, wo, wem gegenüber, wie oft und unter welchen Umständen geärgert oder gefreut?

Kritisieren Sie nicht, sondern beschränken Sie sich (vorerst) auf die Beschreibung.

Entwickeln Sie Alternativen über die Fragen zum Ist-Wert und Soll-Wert:

Ist-Wert: Wie habe ich mich gefühlt? Wie habe ich gehandelt? Was habe ich gesagt? Was habe ich gedacht? Warum reagiere ich in dieser Situation gerade so und nicht anders? Wer von meinen Bezugspersonen hätte ähnlich gehandelt? Welche Konsequenzen hat meine Reaktion für mich und die anderen?

Soll-Wert: Wie hätte ich anders reagieren können? Wozu hätte diese andere Reaktionsweise geführt?

Situation	Ist-Wert	Soll-Wert
Ordnung		
Der 8jährige Martin räumt seinen Schulranzen nicht auf.	Die Mutter schafft Ordnung und packt Bücher und Hefte für den Unterricht des nächsten Tages ein.	Die Mutter erinnert Martin daran, daß er seinen Schul ranzen noch nicht gepackt hat, räumt ihn jedoch nicht selbst ein. Sie gibt ihm Gelegenheit, seine eigenen Erfahrungen mit der Unordnung zu machen.

2. Stufe: Können Sie gezielte Fragen stellen? (Inventarisierung)

In dieser Stufe erfolgt die weitere Differenzierung der Probleme. Hierbei kommt es darauf an, neben den Schwierigkeiten auch die Vielzahl der verbindenden Elemente, die Fähigkeiten jedes einzelnen und die gegenseitige Wertschätzung bewußt zu machen. Bildlich gesprochen bedeutet das, an dem Pfau nicht nur die häßlichen Füße zu sehen, sondern auch sein schönes Federkleid zu betrachten.

Praktische Anregungen:

Schreiben Sie auf, in welchen Bereichen Sie Ihre Probleme austragen: Körper/ Sinne, Leistung, Kontakt oder Phantasie?

Machen Sie eine Reise in die Vergangenheit und überlegen Sie, wie die Beziehungen ihrer Eltern zu Ihnen und zueinander waren? Wer war Ihr Vorbild?

Welches Motto galt bei Ihnen zu Hause?

Wo entdecken Sie Überbetonungen und wo Defizite? Unterscheiden Sie sich darin von Ihrem Partner? Wodurch entstehen Konflikte und Mißverständnisse?

3. Stufe: Können Sie spontan und konkret ermutigen? (Situative Ermutigung)

Indem wir uns mit Dingen beschäftigen, die wir als positiv und angenehm erleben, fällt es uns leichter, auch den Dingen ins Auge zu sehen, die wir als unangenehm und negativ empfinden. Denken wir beispielsweise an einen Besuch in der Sauna; da wärmen wir uns auch erst gründlich auf, ehe wir uns unter die kalte Dusche stellen. Das ist also das Grundprinzip der situativen Ermutigung in der Familientherapie. Viele Menschen verhalten sich typischerweise einseitig: die erwünschten Seiten eines Partners werden stillschweigend vorausgesetzt und nur noch die Fehler angesprochen. Diese pessimistische Sicht der Dinge hält man für realistischer und versucht dadurch Mißerfolgen und Enttäuschungen vorzubeugen; Optimismus sei dagegen Selbstbetrug oder eine Lebenslüge.

Fragen Sie sich was Ihre Familie zusammenhält. Geschichten, Parabeln und Spruchweisheiten helfen, einen Standortwechsel zu bewirken und aus der Sackgasse alter Problemlösungsversuche herauszukommen.

Praktische Anregungen:

Was positiv oder negativ ist, hängt von den jeweiligen Konzepten ab, die uns als Maßstab dienen. Fragen Sie sich nach den Erwartungen und Einstellungen, die hinter dem Verhalten Ihrer Mitmenschen stehen und Ihnen Probleme macht.

Versuchen Sie in den nächsten 1 – 2 Wochen den anderen nicht zu kritisieren, sondern im Gegenteil, seine positiven Fähigkeiten zu ermutigen und zu stärken.
Auch paradoxe Ermutigung ist möglich: Suchen Sie nach den positiven Aspekten, die seine „Fehler" für Sie und ihn haben. Ermutigen Sie ihn, dadurch sein Verhalten in einem anderen Licht zu sehen.
Stellen Sie sich Ihre Konzepte und Gegenkonzepte in Form von Geschichten und Spruchweisheiten vor: Statt: „Wir passen nicht zusammen", jetzt: „Gegensätze ziehen sich an."

4. Stufe: Können Sie Probleme höflich und offen ansprechen? (Verbalisierung)

Auf der Basis des neu gewonnenen Verständnisses beginnt jetzt die eigentliche Problembearbeitung in der familiären Auseinandersetzung. Da eine gestörte zwischenmenschliche Beziehung immer auch eine gestörte Kommunikation bedeutet, ist es wichtig, daß die Konfliktpartner zunächst aus ihrer Sprachlosigkeit und Sprachverzerrung herauskommen.

Praktische Anregungen:
Bearbeitung des Schlüsselkonflikts „Höflichkeit – Ehrlichkeit" mit einem Therapeuten.
Einrichtung einer Familiengruppe und Elterngruppe(s.u.) zur regelmäßigen Problembearbeitung.
Förderung des gegenseitigen Verständnisses durch Tauschen von Funktionen und Rollen innerhalb der Familie.

5. Stufe: Kennen Sie ihre Wünsche für die Zukunft? (Zielerweiterung)

Ein kluger Kaufmann legt sein Geld niemals nur in einem einzigen Projekt an!

Durch Lösung der Probleme gewinnen Sie Energien, die Sie in neue Vorhaben investieren können. Diese Zielerweiterung bezieht sich einerseits auf die vier Qualitätsbereiche des Lebens, andererseits aber auch auf die Erweiterung der Aktualfähigkeiten, aus denen sich neue Verhaltensmuster und Umgangsweisen entwickeln sollen.

Praktische Anregungen:
Was würden Sie gerne tun, wenn Sie keine Probleme mehr hätten?
Welche Wünsche und Ziele haben Sie als Familie gemeinsam für die nächsten Wochen, Monate und Jahre?

Lebensweisheiten und Anekdoten

Wohlstand ist, wenn die Menschen mehr Uhren haben als Zeit. (Werner Mitsch)

Der Geist schätzt Ordnung. Der Sinnlichkeit steht sie oft im Wege. (Günther Siburg)

Wären in einer Ehe sowohl der Mann als auch die Frau Ordnungsfanatiker, würde ihnen mancher Gesprächsstoff fehlen. (Dominique de Bourg)

Geduld ist der Schlüssel zur Freude. (Orientalische Weisheit)

Wer alles ertragen kann, kann alles wagen. (Luc de Clapier Vauvenargues)

Geduld ist die Kunst zu hoffen. (Friedrich Schleiermacher)

Es bedarf großer Geduld, um sie zu lernen. (Stanislaw Jerzy Lec)

Ist man in kleinen Dingen nicht geduldig, bringt man die großen Vorhaben zum Scheitern. (Konfuzius)

Wie oft schlägt Ungeduld die Türen zu, die eben aufgehen wollten. (Louise Hodek)

Vater zum Sohn: „Seit du auf der Welt bist, hast du mir keine Freude gemacht.“ Sohn zum Vater: „Aber vorher um so mehr, was?“

Erfahrungen mit anderen Eltern und Familien teilen

„Wer über sich hinauswachsen will, muß gut verwurzelt sein." (Gerhard Uhlenbruck)

Die Gemüsesuppe

Viele verschiedene Gemüsesorten, wie Karotten, Lauch, Sellerie, Zwiebeln, Paprika, Zucchini, Tomaten, Bohnen mit Wasser, Salz, Gewürzen, Kräutern und Kartoffeln werden auf dem Herd zu einem Eintopf gekocht. Jeder Feinschmecker weiß, daß dieses Gericht etwas ganz anderes ist, als die Summe der Zutaten. So wie der Gesamtgeschmack eines Eintopfs nicht auf das eine oder andere Gemüse zurückgeführt werden kann, so können auch die Lösungsvorschläge und Erfolge einer Gruppe nicht auf den Beitrag eines einzelnen zurückgeführt werden, sondern sind das Ergebnis der Gruppenarbeit. Positive Psychotherapie

Die Familiengruppe

Sozialisation und Erziehung sind Prozesse der Primärfamilie. Erziehungskorrekturen können im Rahmen der Positiven Familientherapie vor allem in der Familiengruppe und der ergänzenden Elterngruppe stattfinden. Neue Formen der Problembewältigung werden dabei eingeübt und kontinuierlich in den Familienalltag eingebracht. Bewährt haben sich in den Familiengruppen folgende Fragen:

Was ist das Problem?

Welches sind die Ursachen, Hintergründe, Konzepte, die sich hinter dem Problem verbergen?

Welche Ziele und Interessen werden dabei verfolgt?

Welche Lösungsmöglichkeiten bieten sich an?

Die Elterngruppe

Parallel und begleitend zur Familiengruppe halten die Eltern gemeinsame Sitzungen ab, 15–30 Minuten täglich, zumindest aber mehrfach die Woche. Dabei können sich Vater und Mutter inhaltlich über die Erziehungskonzepte verständigen, damit sie eine einheitliche Sprache sprechen und Einigkeit vor den Kindern vertreten.

Folgende Spielregeln erleichtern die Arbeit in den Gruppen

- Treffen der Familie zum vereinbarten Zeitpunkt
- Bewährt hat sich eine Sitzordnung am Tisch
- keine Störungen durch Telefon, Radio oder Fernsehen
- auf angenehme Atmosphäre achten (Bewirtung!)
- Zusammenstellung der Problempunkte
- Festlegen welche(s) Problem(e) besprochen werden soll
- Durcharbeiten der einzelnen Punkte
- Sammeln aller verschiedenen Lösungsmöglichkeiten
- gemeinsamer Beschluß für das Motto der Woche
- das Motto wird auf eine Memokarte notiert und hat für alle Gruppenmitglieder Gültigkeit
- Festlegung von Aufgaben und Rollentausch
- Planung künftiger Unternehmungen wie Ausflüge, Reisen, Feste, Einkäufe ...

Lebensweisheiten und Anekdoten

Alte Gewohnheiten sollte man nicht auf einmal zum Fenster hinauswerfen, sondern wie einen netten Gast zur Haustür begleiten.
(Nossrat Peseschkian)
Beim Ratgeben versuche deinem Freund zu helfen, nicht ihm zu gefallen.
(Solon)
Ein einziges trockenes Zündhölzchen ist mehr wert als eine ganze Predigt über das Feuer. (W. J. Oehler)
Wenn man einen Menschen nicht verlieren will, muß man seine verwundbare Stelle respektieren. (Elise Pinter)

Man kann weise sein aus Güte – und gut sein aus Weisheit.
(Marie von Ebner-Eschenbach)
Weise sein heißt vor allem, sich klar sehen. (Hugo Sonnenschein)
Weisheit ist, wenn man sich nichts mehr weismacht.
(Gerhard Uhlenbruck)
Weisheit ist keine Medizin zum Hinunterschlucken. (Afrikanische Weisheit)
Wir entdecken in uns selbst, was die anderen uns verbergen, und erkennen in anderen, was wir vor uns selber verbergen
(Luc de Clapier Vauvenargues)
Der Affe sieht nie seinen eigenen Hintern, nur den der anderen.
(Afrikanische Weisheit)
Wer ist weise?
Wer von jedermann lernt.
Wer ist stark?
Wer sich selbst überwindet.
Wer ist reich?
Wer sich mit dem Seinigen begnügt?
Wer ist achtbar?
Wer die Menschen achtet. (Talmud)

Im Straßencafé muß der Sohn seinem Vater ein Lob aussprechen: „Das muß ich dir lassen – du schaust nicht jeder Frau nach, sondern immer nur den hübschesten!“

Vom Lachen und Weinen, den Sorgen und den Freuden der Kinder

*

Wie die Positive Psychotherapie negative Verhaltensmuster verwandelt

Das Geheimnis der kindlichen Innenwelt

„Das Kind gleicht einem Spiegel, der das wiedergibt, was vor ihm steht."
(Bokhari von Johor)

Es fällt kein Meister vom Himmel

Ein Zauberkünstler führte am Hofe des Sultans seine Kunst vor und begeisterte seine Zuschauer. Der Sultan selber war außer sich vor Bewunderung: „Gott, stehe mir bei, welch ein Wunder, welch ein Genie!" Sein Wesir gab zu bedenken: „Hoheit, kein Meister fällt vom Himmel. Die Kunst des Zauberers ist die Folge seines Fleißes und seiner Übungen." Der Sultan runzelte die Stirn. Der Widerspruch seines Wesirs hatte ihm die Freude an den Zauberkunststücken verdorben. „Du undankbarer Mensch! Wie kannst du behaupten, daß solche Fähigkeiten durch Übung kommen? Es ist wie ich sage, entweder man hat das Talent oder man hat es nicht. Du jedenfalls hast es nicht, ab mit dir in den Kerker. Dort kannst du über meine Worte nachdenken. Und damit du nicht so einsam bist und du deinesgleichen um dich hast, bekommst du ein Kalb als Kerkergenossen." Vom ersten Tag seiner Kerkerzeit an übte der Wesir, das Kalb hochzuheben und trug es jeden Tag über die Treppen seines Kerkerturmes. Die Monate vergingen. Aus dem Kalb wurde ein mächtiger Stier, und mit jedem Tag der Übung wuchsen die Kräfte des Wesirs. Eines Tages erinnerte sich der Sultan an seinen Gefangenen. Er ließ ihn holen. Bei seinem Anblick aber überwältigte ihn das Staunen: „Gott, stehe mir bei, welch ein Wunder, welch ein Genie!" Der Wesir, der mit ausgestreckten Armen den Stier trug, antwortete mit den gleichen Worten wie damals: „Hoheit, kein Meister fällt vom Himmel. Dieses Tier hattest du mir in deiner Gnade mitgegeben. Meine Kraft ist die Folge meines Fleißes und meiner Übung."

Positive Psychotherapie

Wie ich vorgehen möchte

Der folgende Teil des Buches geht auf die Erziehungsprobleme ein, mit denen Eltern häufig eine Beratung aufsuchen oder zur Therapie kommen. Ohne den Anspruch auf Vollständigkeit zu erheben werden einige Störungen und Verhaltensauffälligkeiten speziell unter dem Aspekt der Positiven Familientherapie dargestellt. Der oben erläuterte positive Ansatz wird dabei vor allem in den positiven Deutungen, den Ausführungen über die Aktualfähigkeiten und dem Standortwechsel durch Spruchweisheiten, Geschichten und Anekdoten verdeutlicht. Aber auch in der fünfstufigen Strategie der Therapie und Selbsthilfe ist zu erkennen, daß von Anfang an, die Fähigkeiten des Menschen herausgearbeitet werden, die auch die wesentlichen Ressourcen zur Gesundung und Problembewältigung darstellen.

- Erfahrungsgemäß werden besonders Kinder und Jugendliche, aber auch ihre Eltern von *Anekdoten, Spruchweisheiten und Geschichten* angeregt, einen Standortwechsel zu vollziehen und ihre Phantasie in Richtung neuer, ungewöhnlicher Problemlösungen spielen zu lassen.

- *In der Schilderung des Problems* gehen wir auf den positiven Ansatz ein und verdeutlichen, welche Inhalte – repräsentiert durch die Aktualfähigkeiten – die Störungen und Konflikte haben. Es würde den Rahmen des Buches sprengen, die breit gefächerte anderweitige Fachliteratur dabei abzuhandeln.

- Die *positive Deutung* wird nochmals hervorgehoben.

- Ein *Behandlungsfall* wird dann als praktisches Beispiel einer *Situationsbeschreibung* gegeben, an dem das weitere Vorgehen der 5-Stufen-Therapie exemplarisch dargestellt werden soll.

- Die Stufe I *Beobachtung und Distanzierung* wird durch die Beschreibung des Ist-Wertes und des Soll-Wertes abgehandelt.

- Die Stufe II *Inventarisierung* geht auf die vier Bereiche der Konfliktverarbeitung, die vier Vorbilddimensionen und die Familienkonzepte ein. Auch die an diesem Problem vorrangig beteiligten *Aktualfähigkeiten und Mißverständnisse* werden dargestellt. Dabei sollen im Verlauf des Buches viele der primären und sekundären Aktualfähigkeiten im einzelnen vertieft werden. Auch zu den wichtigsten Mißverständnissen gibt es spezielle Hinweise.

- Für die Stufe III *Situative Ermutigung* werden für das Fallbeispiel spezifische Anregungen gegeben.

- In der Stufe IV und V *Verbalisierung und Zielerweiterung* ist vorgesehen an

Hand des *therapeutischen Ablaufs* wesentliche Punkte der Positiven Familientherapie zu erläutern. Die grundsätzlichen Elemente sind dabei, wie man miteinander spricht (Höflichkeit/Ehrlichkeit und Kommunikationsregeln), wie man Probleme löst (Familiengruppe) und was man aus der Krise lernen kann (Problem als Chance).

In einem *Fazit* werden die für Eltern und Erzieher wichtigen Punkte bezogen auf das Fallbeispiel zusammengefaßt.

Zum Schluß gibt es noch mit einem gewissen Augenzwinkern *Anekdoten und Lebensweisheiten.*

Denn bekanntlich heißt es: „*Lachen ist gesund!*"
Es ist aber auch ein Aufruf an alle: „*Versuch's mal mit Humor!*"

Wenn der Körper Zeichen setzt …

Die Fähigkeit nach unten zu weinen – Das Bettnässen

„Der rote Faden der Genesung ist der Geduldsfaden.“ (Gerhard Uhlenbruck)

Geschichte von der Langsamkeit der Seele

Damals als noch keine Straßen das Land durchschnitten und es noch keine Autos gab, die Menschen so schnell wie der Wind vom Meer in die Berge zu bringen, kämpfte sich ein Missionar mit einer Schar von Trägern durch den afrikanischen Busch. Er hatte es eilig und trieb seine Führer zu immer schnellerem Gehen an, denn in drei Tagen wollte er sein Ziel erreichen. Der dritte Morgen kam herauf, strahlend stand die Sonne am Himmel, die Luft flimmerte, das hohe Gras bewegte sich sacht, und die Vögel sangen. Der Missionar drängte zum Aufbruch, aber die Träger lagerten und wollten nicht aufstehen. Kein Zureden half, kein Befehlen, kein Drohen. Endlich fragte er nach dem Grund ihres Zögerns und erhielt zur Antwort: „Wir müssen warten, bis unsere Seelen nachgekommen sind."

aus Afrika

Worin das Problem besteht

Am häufigsten werden Beratern und Therapeuten Kinder vorgestellt, die nachts einnässen, zwischenzeitlich trocken waren und bei denen keine organische Ursache gefunden wurde. Überdurchschnittlich häufig liegen gleichzeitig noch weitere Verhaltensauffälligkeiten oder Entwicklungsstörungen vor. So kann oft zusätzliches Einkoten oder Kotschmieren beobachtet werden, aber auch Verstopfung, Schlafstörungen, Eßstörungen und vor allem auch Sprachentwicklungverzögerungen und Stottern. Meist betonen die Eltern beim ersten Gespräch mit einem Arzt ausdrücklich, daß die Familie intakt sei. Von dem Vorgehen des Kinderarztes hängt es ganz entscheidend ab, ob er die Familie zu einer tiefergreifenden Therapie gewinnen kann, was dank des positiven Ansatzes häufig gelingt. Da Kinder wie Seismographen die eigentliche Familienatmosphäre anzeigen, bekommt das Symptom einen Sinn im Familiengefüge, den es deutlich zu machen gilt. Das Kind besitzt die Fähigkeit, in schwierigen Situationen durch frühkindliche Verhaltensweisen auf Konfliktfelder der Familie aufmerksam zu machen, indem es „nach unten weint". Bei Erheben der Anamnese finden sich häufig folgende Lebensereignisse: Geburt eines Geschwisterkindes, Trennung von einem Elternteil – sei es durch Scheidung oder einen entfernten Arbeitsplatz – Umzug, Schul- oder Lehrerwechsel. Mit seiner „sprachlosen" und passiven Art der Problembewältigung im Sinne einer „Organsprache" trifft das Kind den neuralgischen Punkt der Eltern.

Fragen wir uns weiter, auf welche Probleme das Kind aufmerksam machen möchte, so kann man oft eine sehr frühe und auch übertriebene Sauberkeitserziehung ausmachen. Aber auch für andere sekundäre Aktualfähigkeiten wie Pünktlichkeit, Ordnung, Leistung und Gewissenhaftigkeit bestehen überhöhte elterliche Erwartungen. Dagegen werden die emotionalen Bedürfnisse des Kindes nach Kontakt, Vertrauen und Geborgenheit nicht ausreichend beruhigt. Das Kind verhilft sich sozusagen selbst zu einem Gefühl der feuchten, wohligen Wärme und appelliert damit ständig an die Geduld und Treue seiner Eltern zu ihm.

Auch für das *Einkoten* gelten ähnliche Ursachen. Bezüglich der Aktualfähigkeiten besteht hier zusätzlich zur Sauberkeit und Leistung, eine übertriebene Höflichkeitserwartung, die jede aggressive Expansion des Kindes unterdrückt. Das häufig mit dem Einkoten verbundene Kotschmieren stellt dabei eine aktive Form der Konfliktbewältigung dar.

Verstopfung bei Kindern (Obstipation) ist häufig auch im Sinne des Überlaufmechanismus mit Einkoten verbunden. Auch hier findet man in der Regel eine Überbetonung der sekundären Aktualfähigkeiten bei Defiziten im primären Bereich. Neben Sauberkeit, Ordnung, Leistung und Gewissenhaftigkeit sind besonders übertriebene Sparsamkeit („Korinthenkacker“) und hohe Erwartungen an Höflichkeit und Bescheidenheit zu finden. Diese Störung kann als der Versuch angesehen werden, die Probleme mal aktiv und mal eher passiv anzugehen.

Passive Dimension: Bettnässen (Regression auf frühkindliche Verhaltensweisen)

Aktive Dimension: Einkoten und Kotschmieren (aktiver Protest)

Ambivalenz: Verstopfung (mal festhalten – mal abgeben, Aggressionshemmung und subtiler Protest)

Positive Deutung: *Das Kind hat die Fähigkeit, auf Probleme durch frühkindliche Verhaltensweisen aufmerksam zu machen und nach unten zu weinen.*

Fallbeispiel

Situationsbeschreibung: Ein 6jähriger Junge, dessen Eltern zwei Jahre zuvor geschieden worden waren und der bei seiner berufstätigen Mutter lebte, begann nachts einzunässen und zeitweise auch einzukoten. „Wenn seine Hose wieder ganz schmierig braun ist, könnte ich den Kerl erschlagen“, sagte die Mutter.

Ist-Wert (Stufe I): Es war bereits eine Therapie durchgeführt worden, in der sich eine starke Beziehung zwischen dem Kind und dem Therapeuten entwickelt hatte, der versuchte dem Jungen das Verständnis und die Liebe zu geben, die er bei seiner Mutter vermißte. Diese hatte dadurch noch weniger Zugang zu ihrem Kind, sollte aber gleichzeitig für den Einsatz eines Enuresis-

Gerätes sorgen. „Mir kam es vor wie eine Dressur. Ich bekam richtige Schuldgefühle". Die Mutter entwickelte Aggressionen sowohl gegen das „undankbare Kind" als auch gegen den Therapeuten als „Störenfried". Sie brach die Therapie ab, als es nach anfänglicher Besserung erneut zu einem Rückfall kam.

Soll-Wert: Über die positive Deutung konnte die Mutter zu einem Standortwechsel veranlaßt und zur aktiven Mitarbeit als „Therapeutin" gewonnen werden. Dies war ganz entscheidend für den weiteren Verlauf, in dem der Therapeut mehr beratende und pädagogische Funktion übernahm, sich aber nicht mit einem der Konfliktpartner solidarisierte.

Inventarisierung (Stufe II): Mit der Mutter zusammen wurden die Konfliktbereiche ermittelt, die im Zusammenhang mit dem Einnässen und den anderen Erziehungsproblemen standen. Überbetont war aufgrund ihrer Situation als alleinerziehende Mutter der Bereich Leistung, was sich in wenig Zeit für den Jungen äußerte. Konflikthaft unterbesetzt dagegen zeigten sich ihre Bereiche Kontakt (soziale Isolierung nach der Scheidung) und Zukunft (Ängste vor der Zukunft). Sie lernte auch verstehen, welche Familienkonzepte ihr eigenes Verhalten bestimmten, da sie als junges Mädchen die Anerkennung ihrer Eltern vor allem durch Erfüllen der sekundären Normen bekam. Zärtlichkeit und Körperkontakt waren nur sparsam in ihrer Primärfamilie ausgetauscht worden, Höflichkeit und Wohlverhalten wurde sehr groß geschrieben („Was sagen die anderen?") und durch Dankbarkeitserwartung und Erwecken von Schuldgefühlen wurde sie gefügig gemacht. Die Inhalte der Konfliktbereiche mit ihrem Kind konnte sie durch das DAI klar erkennen. Schwerpunktmäßig wurde das Aktualfähigkeiten-Paar „Sauberkeit – Geduld" bearbeitet.

Sauberkeit

ist die Fähigkeit einer auf den Körper, die Kleidung, die Gegenstände des täglichen Gebrauchs, die Räumlichkeit und die Umwelt, sowie im übertragenen Sinn auf den Charakter bezogenen Reinlichkeit. Es ist anzunehmen, daß die frühkindliche Reinlichkeitsdressur Einfluß auf die spätere Persönlichkeitsentwicklung, zumindest auf die Einstellung zur Sauberkeit nimmt.

Fragen zu diesem Thema können sein: Wer von Ihnen legt mehr Wert auf Sauberkeit? Haben oder hatten Sie Schwierigkeiten wegen Sauberkeit (mit wem)? Wie fühlen Sie sich, wenn Sie in einer unsauberen Umgebung sind? Achten Sie auf Körperpflege, Sauberkeit der Kleidung, der Wohnung, der Umwelt? Wer von Ihren Eltern legte mehr Wert auf Sauberkeit und Reinlichkeit?

Störungen: Ritualisierte Sauberkeit, Waschzwang, Unsauberkeit, Kontaktstörungen, Sexualstörungen, Einnässen, Einkoten, Ekzeme, Allergien.

Rat: Gemeinsam mit dem Kind vor dem Essen die Hände waschen, spart viele Worte. Wenn man weiß, warum man sich die Hände waschen soll, fällt vieles leichter.

Geduld

ist die Fähigkeit, sich selbst, einen Menschen, eine Situation so zu nehmen, wie er (sie) ist. Geduld ist gleichbedeutend mit der Fähigkeit zu warten, die eigenen Wege des Partners trotz der bestehenden Zweifel und Erwartungen zu dulden, Teilbefriedigungen aufzuschieben und den anderen Zeit zu lassen.

Die Entwicklung der Geduld hängt von den jeweiligen Wertschätzungen der beteiligten Aktualfähigkeiten ab. Einen prinzipiell Ungeduldigen gibt es kaum. Er ist vielleicht ungeduldig in bezug auf Pünktlichkeit, Ordnung, Sparsamkeit, Treue oder Fleiß/Leistung etc.

Fragen zu diesem Thema können sein: Wer von Ihnen ist geduldiger, bzw. wer regt sich leichter auf? In welchen Situationen und wem gegenüber werden Sie oder Ihr Partner ungeduldig? Was empfinden Sie dabei, wenn Ihr Partner ungeduldig wird? Können Sie warten? Wer von Ihren Eltern brachte mehr Geduld auf? Wie reagierten Ihre Eltern, wenn sie einmal ungeduldig wurden?

Störungen: Ungeduld, Geduld aus Angst, Inkonsequenz, Überempfindlichkeit, überhöhte Erwartungen, Ehrgeiz, nicht zuhören können, Rücksichtslosigkeit, Arroganz, Kopfschmerzen, Schlafstörungen, innere Unruhe.

Rat: Ungeduld braucht man nicht in sich hineinzufressen.

Man kann darüber sprechen. Aufschreiben, was Sie in Ungeduld versetzt und womit Sie Ihren Partner ungeduldig gemacht haben; mit dem Partner zu einer geeigneten Zeit darüber sprechen. Wenn Sie mit Ihrem Partner ein Problem besprochen haben, lassen Sie ihm die Zeit, die er braucht, um sich mit Ihren Konzepten auseinanderzusetzen und die eigenen Konzepte zu revidieren. Geben Sie sich nicht mit der Behauptung zufrieden, daß Sie ein ungeduldiger Mensch sind. Achten Sie einmal darauf, in welchen Situationen, wem gegenüber und in welchem Ausmaß Sie Ihre Geduld verläßt. Wenn man schon ungeduldig geworden ist, ist es manchmal angenehmer, sich zu entschuldigen, als die Schuldgefühle für sein aufbrausendes Verhalten mit sich herumzutragen.

Beispiel: „Ich bin jedesmal total enttäuscht, wenn morgens das Bett wieder ganz naß ist. Dann schreie ich ihn an, ob ihm denn nicht klar ist, wieviel Wäsche er mir immer macht. Es kostet mich viel Beherrschung, den Jungen dann nicht zu schlagen."

Auf das Ziel kommt es an

Die Erfüllung der sekundären Normen gilt in unserer Gesellschaft als erstrebenswertes Ziel. Gerade unter Müttern – häufig angestachelt durch die Großeltern – werden die Kinder bezüglich ihrer erworbenen Fertigkeiten verglichen. Dabei verfährt man nach dem Prinzip „Viel üben, bringt viel Erfolg!" Für die emotionale Bewältigung dieses Ausbildungsprogrammes taugt dieses Prinzip allerdings wenig, denn das Ergebnis der Entwicklung der primären Fähigkeiten ist nicht direkt meßbar. Warten können, Geduld, Zeit und gelebtes Vorbild sind für die „Herzensbildung" ausschlaggebend. Es kommt vielmehr darauf an, daß sich die Bezugsperson selber mit dem Ziel auseinandersetzt und bereit ist, sich in den Prozeß aktiv einzubringen.

„Wenn ich meine schmutzige Wäsche auf dem Stuhl in meinem Zimmer liegen ließ statt sie in den Wäschekorb zu bringen, dann konnte meine Mutter richtig wütend werden und beschimpfte mich als alte Schlampe."

Fragen zum Nachdenken: Warum, wozu und wofür erziehe ich mein Kind? Für mich? Für sich? Für die Menschheit?

Merke: Lerne zu unterscheiden zwischen Bildung und Ausbildung!

Situative Ermutigung (Stufe III): In dieser Stufe wurde das Enuresis-Gerät erneut eingesetzt. Auf der neu geschaffenen Vertrauensbasis zwischen Mutter und Sohn, lernte der Junge auch mehr eigenverantwortlich sein Sauberkeitsverhalten zu kontrollieren. Erfolge wurden „belohnt", indem der Junge einen Kalender malte: Sonnen für trockene Nächte und Wolken, falls es noch mal „geregnet" hatte. Dabei war besonders wichtig, daß Mißerfolge nicht hochgespielt wurden, aber jeder kleine Fortschritt – und sei es nur, daß der Fleck kleiner wurde – positiv bewertet wurde. Dann war die Sonne an diesem Tag eben kleiner als sonst. Belohnungen sollten dabei auch nicht in materiellen Anreizen liegen, sondern eher gemeinsame Aktivitäten von Mutter und Kind sein wie Spielen und Geschichten lesen.

Therapieverlauf (Stufe IV und V): Ein wesentlicher Punkt in der Therapie war, daß nicht nur das Kind allein, sondern die Mutter parallel mit ihren Problemen therapeutische Hilfe in Einzelsitzungen bekam. So konnte sie ihre Scheidung, die soziale Isolierung und die Zukunftsperspektiven bearbeiten. Dadurch war sie letztlich erst in der Lage, die Beziehung zu ihrem Sohn zu verändern. Das Kind besuchte während der ganzen Zeit eine psychotherapeutische Kindergruppe, in der es durch Rollenspiele, Malen und Musik seine Konflikte kindgemäß verarbeiten konnte. Durch die „Nacherziehung" von Mutter und Kind eröffneten sich für sie neue Möglichkeiten zu alternativen Problemlösungsstrategien.

Fazit

- Die Mutter konnte durch das positive Vorgehen gewonnen werden.
- Die Konfliktbereiche und Lebensereignisse der Mutter wurden bearbeitet.
- Über die Vorbilddimensionen wurden die neuralgischen Punkte (Mikrotraumen) deutlich.
- Die alten Familienkonzepte wurden hinterfragt.
- Dem Jungen wurde eine kindgerechte Gruppentherapie angeboten.
- Verhaltenstherapeutische Maßnahmen erzogen das Kind zur Selbstverantwortung.
- Die inhaltliche Arbeit an den Aktualfähigkeiten bewirkte eine neue Einstellung der Mutter zu sich selbst und zu ihrem Kind.
- Die Geschichten und Anekdoten öffneten das Tor zur Phantasie, bewirkten einen Standortwechsel und boten Alternativen an.
- Die Mutter-Kind-Beziehung stand im Mittelpunkt des Therapieprozesses.
- Die Mutter wurde befähigt, die Therapeutenrolle zu übernehmen; der Therapeut war Berater und Moderator.

Lebensweisheiten und Anekdoten

Michael läßt ungefragt den Ruf erschallen: „Fräulein, ich muß mal!" – „Hör mal, dann solltest du aber den Finger heben", ermahnt sie ihn. „Was denn", staunt Michael, „damit geht das auch?"

Ein kleiner Junge zum Freund: „Ich bin garantiert nicht adoptiert worden, sonst hätten sie mich längst zurückgegeben oder zumindest umgetauscht."

Die Fähigkeit, den Wunsch nach Zeit, Geduld und Kontakt anzumelden – Das Stottern

„Die Weisheit liegt im Ohr – nicht im Munde." (Ernst Hohenemser)

Geschichte von der Beharrlichkeit

Ein Mann, der lange Zeit an einer Sache gearbeitet und sie trotz großer Hindernisse nicht aufgegeben, sondern erfolgreich zu Ende geführt hatte, wurde gefragt, wie er es geschafft habe, nicht mutlos zu werden. Er antwortete: „Haben Sie schon einmal einen Steinmetz bei der Arbeit beobachtet? Er schlägt vielleicht hundertmal auf die gleiche Stelle, ohne daß auch nur der kleinste Riß sichtbar wird. Aber beim hundertundeinten Schlag springt der Stein plötzlich entzwei. Es ist aber nicht dieser eine Schlag, der den Erfolg bringt, sondern es sind die hundert, die ihm vorausgegangen sind."

Das Problem

Eine häufige Störung, die Eltern zur Beratung veranlaßt, ist das Stottern oder eine andere Störung der Sprachentwicklung. Oft ist dies aber nicht die einzige Auffälligkeit, die dann vorgetragen wird. Häufig sind auch Sprachentwicklungsstörungen zusammen mit Bettnässen zu finden. Aus der breiten Palette aller Sprachstörungen soll allerdings nur auf das „Entwicklungsstottern" eingegangen werden. Es tritt – familiär gehäuft – zwischen dem 3.–4. Lebensjahr auf, also in einer Entwicklungsphase, in welcher der Denkvorgang des Kindes schon schneller als die Artikulation der Wörter gelingt. Es hat eine gute Behandlungsprognose. Jungen sind deutlich häufiger betroffen als Mädchen. Sehr oft finden sich in der Familie ältere, lebhafte Geschwisterkinder, die zu Wortführern werden. Oder die Eltern selbst sprechen zu schnell und warten nicht ab, bis das Kind sich ausdrücken konnte. Die Familienatmosphäre ist von hohen Erwartungen an Leistung und Schnelligkeit geprägt, die eher mit Ungeduld und Zeitmangel seitens der Bezugspersonen korrellieren. Über das Symptom Stottern macht das Kind auf seine Bedürfnisse nach Zeit und Kontakt aufmerksam und prüft die Geduld seiner Eltern.

Positive Deutung: *Das Kind hat die Fähigkeit, hörbar auf sein Bedürfnis nach Zeit und Kontakt mit den Eltern aufmerksam zu machen und deren hohe Leistungserwartungen abzubremsen.*

Fallbeispiel

Situationsbeschreibung: Der 5jährige Junge eines beruflich stark eingespannten Ehepaares begann zu stottern, wenn er schneller sprechen wollte, als die Zunge funktionierte. Dies geschah besonders, wenn die sehr wortgewandte 3 Jahre ältere Schwester die gemeinsamen Erlebnisse als erste den Eltern erzählen wollte. Aber auch die Telefonate mit den Großeltern endeten meist mit zornigen Tränen.

Ist-Wert (Stufe I): Wegen der ganztägigen Berufsausübung der Mutter, wurden die beiden Kinder von einer Erzieherin betreut, die sehr viel Wert besonders auf Leistung, Ordnung, Gehorsam und Höflichkeit legte. Der Junge wurde von ihr auch einer strengen Sauberkeitserziehung unterzogen, was den Eltern erst bewußt wurde, als fast zeitgleich mit dem Stottern auch Kotschmieren auftrat.

Soll-Wert: Die Mutter des Jungen, die sich selbst noch gut an ihr eigenes Stottern erinnerte und den Zusammenhang zu hohen Leistungserwartungen aus eigener Erfahrung kannte, gestaltete ihren Arbeitstag – sie war selbständig – so um, daß sie mehr Zeit für die Kinder hatte. Dabei wurde auch der Vater, der viel geduldiger war, mehr eingebunden. Auch mit der Kinderfrau wurden die Erziehungsziele detailliert besprochen; da sie aber nicht von ihren festgefügten Regeln Abstand nehmen wollte, suchten die Eltern bald eine neue Kraft. Ganz wichtig war dabei auch noch, die ältere Schwester mit einzubeziehen und sie in ihrem schnellen Redefluß zu bremsen.

Inventarisierung (Stufe II): Bei den Eltern, und besonders bei der Mutter war der Leistungsbereich deutlich überbetont, während für den Kontaktbereich wenig Zeit blieb. Gerade durch die Erinnerung an ihr eigenes Stottern in der Kindheit gelang es der Mutter, die alten Familienkonzepte von Leistung und Anerkennung zu hinterfragen („Kannst du was, dann bist du wer!"). Auch die zugrundeliegenden Inhalte der Probleme wurden ihr an Hand des DAI bewußt, und es wurden mit ihr vor allem die Aktualfähigkeiten „Fleiß/Leistung – Zeit und Geduld" bearbeitet.

Fleiß/Leistung

ist die Fähigkeit und Bereitschaft, eine meist anstrengende und ermüdende Verhaltensweise über einen längeren Zeitraum hinweg beizubehalten, um ein bestimmtes Ziel zu erreichen. Fleiß und Leistung sind Kriterien gesellschaftlichen Erfolges, die durch Prestige und Ansehen honoriert werden. Das Spiel stellt in der Entwicklung des Kindes eine Vorstufe für Fleiß und Leistung dar. In der Schule wird Fleiß mit einem ernsthaften Anspruch gefordert. Er geht dann mit Verzicht auf andere, eventuell leichtere Triebbefriedigungen einher. Es fällt daher um so leichter, fleißig zu sein, je mehr man die Beschäftigung mit einer Aufgabe selbst als lohnend empfinden kann.

Fragen zum Thema sind: Wer von Ihnen legt mehr Wert auf Fleiß und Leistung? Haben oder hatten Sie berufliche Probleme? Sind Sie mit Ihrem Beruf unzufrieden oder mit den Menschen, die mit Ihnen arbeiten? Worin engagieren Sie sich mehr: im Beruf oder in der Familie? Fühlen Sie sich wohl, wenn Sie einmal nichts zu tun haben? Sind Sie mit den schulischen oder beruflichen Erfolgen Ihrer Kinder zufrieden? Wie sind Sie zu Ihrem Beruf gekommen? Wer von Ihren Eltern legte mehr Wert auf Fleiß und Leistung?

Störungen: Flucht in die Arbeit, Strebertum, Leistungszwang, Streß, Überforderung, Zivilisationsmüdigkeit, Konkurrenzkampf, Neid, Aggressionen,

Ängste, Faulheit, Flucht in die Einsamkeit, Magenbeschwerden, Schlafstörungen, Kopfschmerzen, Alkoholismus und Drogenabhängigkeit.

Rat: Ein Mensch benötigt nicht nur Informationen im Sinne der Ausbildung. Er benötigt auch eine emotionale Basis, um dieser Ausbildung Herr zu werden.

Lerne zu unterscheiden zwischen Bildung und Ausbildung!

Wenn Sie sich über Ihren Beruf ärgern, lohnt es sich zu unterscheiden: ärgern Sie sich tatsächlich über Ihre berufliche Tätigkeit oder über die unerfreulichen Begleitumstände (Ungerechtigkeit der Vorgesetzten, Rivalität der Kollegen etc.)?

Wenn „Leistung" zum Konfliktherd wird, ist es nicht unbedingt das Ziel, die Leistung zu verringern, sondern die anderen Bereiche, wie den Kontakt oder die Beziehung zu sich selbst, zu fördern.

Zeit

ist die Fähigkeit, den Zeitablauf zu gestalten und Beziehung zu Vergangenheit, Gegenwart und Zukunft aufzunehmen. Dies kann passiv geschehen, indem Zeiteinteilungen und Zeitgestaltungen übernommen werden, und aktiv durch die Gliederung der Zeit nach einem persönlichen Konzept. Bereits von der frühesten Kindheit an lernt das Kind, ob es selber etwas mit der Zeit anfangen kann, wie es sie gestalten kann, oder ob es passiv allem Geschehen ausgesetzt ist.

Fragen Sie sich: Wer von Ihnen hat für sich und für den Partner (Kinder) mehr Zeit? Wie fühlen Sie sich, wenn Ihr Partner für Sie wenig Zeit hat (Situationen)? Kommen Sie mit Ihrer Zeit aus oder empfinden Sie Langeweile oder Hetze? Haben Sie genug Zeit für sich selbst und können Sie mit dieser Zeit etwas anfangen? Was würden Sie tun, wenn Sie eine Woche lang freie Zeit zu Ihrer Verfügung hätten? Haben Sie (Ihr Partner) eine geregelte Arbeitszeit? Welche Zukunftspläne haben Sie? Denken Sie oft darüber nach, was Sie in der Vergangenheit richtig oder falsch gemacht haben? Wer von Ihren Eltern hatten mehr Zeit für Sie?

Störungen: Überforderung, Unterforderung Vernachlässigung, Angst, Grübelei, Eigenbrötlerei, Streßerscheinungen, Fixierung an die Vergangenheit, einseitige Realitätsbezogenheit, Utopismus, Magenbeschwerden, Herzbeschwerden, Sexualstörungen.

Rat: Überlegen Sie sich vorher, was Sie mit Ihrer Zeit anfangen möchten; sprechen Sie mit Ihrem Partner oder mit Ihrer Familie darüber. Durch Planung können Sie Störungen vermindern. Mit den Überraschungen, die trotzdem auftreten, müssen wir fertig werden. Stellen Sie fest, was dringlich und weniger dringlich ist; arbeiten Sie es nacheinander auf. Wofür nehmen Sie sich Zeit: für sich, den Partner, die Familie, soziale Kontakte, Beruf, Weltanschauung/Religion.

„Wenn der kleine Kerl so wütend vor mir steht und nicht herausbekommt, was er sagen möchte, habe ich gleich ein schlechtes Gewissen, weil ich so wenig Zeit für ihn habe. Dann bin ich richtig froh, daß mein Mann viel mehr Geduld mit ihm hat und sich um ihn kümmert."

Zeit für die Entwicklung des Kindes lassen

Mit der Mutter und über sie als Therapeutin wurde auch mit der Kinderfrau das Mißverständnis „Erziehungsziel – Erziehungsinhalt" angesprochen. Gleichzeitig wurde vor allem das Thema „Entwicklung – Fixierung" vertieft. Jeder Mensch benötigt Zeit für seine Entwicklung und dabei nicht nur für seine körperliche Reifung, sondern besonders auch für die Entfaltung des zwischenmenschlichen Zusammenlebens. Gerade bei diesem Jungen kam es darauf an, die Störungen als unzeitgemäße Rollenerwartung der Erwachsenen zu deuten und seine daraus resultierende *Überforderung* bewußt zu machen. Sein Bestreben, es sprachlich der Schwester gleich zu tun, setzte den kleinen Kerl schon genug unter Druck, der zusätzlich durch die strenge Sauberkeitserziehung der Kinderfrau erhöht wurde. In Ihren Augen waren auch Gehorsam und Höflichkeit unverzichtbare Tugenden, so daß sie aggressive Impulse des Kindes konsequent unterdrückte; zu ihrem beruflichen Ehrgeiz gehörte es, den Eltern wohlerzogene Kinder zu präsentieren. Sie überwachte die Kinder regelrecht und ermahnte sie ständig in den alltäglichen Dingen. Dagegen wehrte sich die schon sehr selbständige Tochter, die sich dadurch eher gegängelt und *unterfordert* fühlte. Erst die Trennung von dieser Erzieherin und die grundlegende Umgestaltung des Arbeitstages der Mutter sorgten für die entscheidende Besserung.

Merke: Entwicklungsgemäße Erziehung bedeutet, auf die Bedürfnisse und Nöte eines Menschen entsprechend seiner Entwicklungsstufe einzugehen.

Situative Ermutigung (Stufe III): Da die Mutter selbständig arbeitete und der Vater Gleitzeit im Betrieb hatte, konnten die Eltern die Zeit so einteilen, daß die Betreuungszeit der Kinder durch die Kinderfrau so kurz wie möglich gehalten wurde. Auch die ältere Schwester lernte, auf den Bruder Rücksicht zu nehmen und ihm Zeit zu lassen. Dafür beachteten die Eltern die individuellen Bedürfnisse ihrer Tochter stärker. Als besonders günstig für das Sprechens erwies sich, viel mit den Kindern zu singen und Kinderreime aufzusagen, die einem gleichmäßigen Rhythmus folgten. Außerdem bekam der Junge ein Kindertelefon geschenkt, mit dem er spielerisch das Telefonieren mit den Großeltern üben konnte. Ganz entscheidend aber war, das Kind bei seinen Sprechversuchen nicht zu unterbrechen oder zu verbessern, sondern sich ihm geduldig zuzuwenden und zu warten, bis es sich ausgedrückt hatte.

Therapieverlauf (Stufe IV und V): Der entscheidende Faktor für den raschen Therapieerfolg (es dauerte ca. 3 Monate, bis der Junge flüssig sprechen konnte) war, daß die Eltern den Zusammenhang zwischen der Störung des Kindes und der Überbetonung ihres eigenen Leistungsbereiches erkannten und sich dann gemeinsam um die Erreichung des Behandlungszieles bemühten. Dabei spielten die große Geduld des Vaters und sein Engagement für die Familie eine entscheidende Rolle. Die ältere Schwester verhielt sich auch sehr verständig, sie hatte selbst viel Spaß am Singen und Telefonieren, genoß es aber auch, als „Große" schon manches alleine unternehmen zu dürfen (Besuche bei anderen Kindern). Die Symptomatik des Einkotens bestand noch über längere Zeit und verschwand erst, als sich die Familie von der Kinderfrau getrennt hatte und die Mutter ihre Arbeitsbelastung auf halbe Tage beschränkt hatte. Als besonders wichtig erwies es sich, mit der Mutter ihre Familienkonzepte von Gehorsam und Höflichkeit zu hinterfragen und ihre Schuldgefühle zu bearbeiten.

Fazit

- Die Eltern fühlten sich gemeinsam für das Problem verantwortlich und suchten Lösungen.
- Beide waren bereit, ihren Leistungsbereich umzuorganisieren.
- Das Problem wurde als Chance für die ganze Familie gesehen
- Mit der Mutter wurde die Fixierung an alte Familienkonzepte bearbeitet.
- Die ältere Schwester wurde einbezogen und erlebte sich als wichtig in dem Prozeß.
- Zeit und Geduld der Eltern bildeten das Gegengewicht zu den sekundären Aktualfähigkeiten Leistung, Ordnung, Gehorsam und Höflichkeit.
- Bei den Sprechversuchen wurde der Junge nicht unterbrochen oder verbessert; er erhielt geduldige Zuwendung von den Bezugspersonen.

Lebensweisheiten und Anekdoten

Herr Meier stottert und wendet sich in seiner Not an einen Spezialisten. Nach vier Wochen hat er gelernt, klar und deutlich den Satz zu sprechen: „Wiener Wäscherinnen waschen weiße Wäsche in warmem, weichem Wasser.“ Beim letzten Termin lobt ihn der Arzt: „Wunderbar, jetzt ist ja alles in Ordnung.“- „G-g-gewiß“, nickt Herr Meier. „A-a-aber was g-g-glauben Sie, w-w-wie v-v-verdammt sch-schwierig d-d-das ist, d-d-diesen Satz in die g-g-gewöhnliche K-k-k-onversation einz-z-z-ubauen....“

Ein Kinderlied „Bella Bimba“

So tanzen wir die bella Bimba, bella Bimba, bella Bimba,
so tanzen wir die bella Bimba, bella Bimba rundherum.
Tanzt die Libelle, hüpft die Gazelle,
springt die Forelle, munter zum Tanz.
So tanzen wir die bella Bimba, bella Bimba, bella Bimba,
so tanzen wir die bella Bimba, bella Bimba rundherum.

Ein Schüttelreim

Kein Haus ohne Maus,
kein Pelz ohne Laus,
kein Tag ohne Schmaus,
kein Saus ohne Braus,
keine Hölle ohne Graus,
kein „ein“ ohne „aus“,
kein Urlaub ohne Staus.

Die Fähigkeit, sich etwas Gutes zukommen zu lassen – Die Fettsucht

„Dein Kind ist für dein Verstehen dankbarer als für deine Fürsorge." (Lisa Wenger)

Die geteilten Gebote

Ein Kaufmann feierte Richtfest. Die Anwesenden wurden köstlich bewirtet. Auf einer langen Tafel standen Schüsseln mit dampfendem Reis, Kebab, Auberginen und Khoresch, in der zarte weiße Hühnerbrüstchen schwammen. Zudem waren Trauben, Melonen, Gurke und Orangen aufgetischt. Karaffen mit verschiedenen Säften sollten den Durst der Gäste stillen. Alles tat sich an den Herrlichkeiten gütlich. Vor allem ein Mullah. Der stopfte sich in den Mund, was er nur erlangen konnte, und half, wo es trocken nicht mehr ging, mit Saft nach. Er füllte, soviel er konnte, in seine Backentaschen, so daß schließlich sein Gesicht die Form einer Melone annahm. „Oh Mullah", rief ihm da ein anderer Gast zu, „willst du dir das Leben nehmen? Was hast du vor, daß du so viel und so schnell ißt?" Mit vollem Munde und in eine saftige Melonenscheibe beißend entgegnete dieser: „Was hat der Prophet uns gesagt? Er hat uns gesagt: Trinkt und eßt! Ich tue nur, was uns der Prophet befiehlt." – „Gott und seine Propheten haben aber auch gesagt: Nicht übertreiben, maßhalten!" erwiderte der Gast. Darauf meinte der Mullah: „Ich bin nicht der einzige Gläubige. Die eine Hälfte des Gebotes: Eßt und trinkt! befolge ich, die andere Hälfte des Gebotes: Nicht übertreiben, maßhalten! solltet ihr beherzigen." Dies sprach der Mullah und steckte sich noch einige Trauben in den Mund.

Positive Psychotherapie

Worin das Problem besteht

„Fast 15% der 22 000 Dreizehnjährigen, die 1996 an einer Jugendgesundheitsberatung in Hessen teilnahmen, waren übergewichtig. Lediglich 4% wogen zu wenig" (Darmstädter Echo vom 15.2.97). Die Fettsucht ist eine Beispiel für eine kindliche oder jugendliche Eßstörung. Auf andere Eßstörungen von Kindern und Jugendlichen, wie die Magersucht (Anorexie) oder die Eß-Brech-Sucht (Bulimie), wird hier nicht weiter eingegangen (in meinen Buch *Psychosomatik und Psychotherapie* sind diese Krankheitsbilder ausführlich beschrieben worden).

Von Fettsucht spricht man, wenn das Sollgewicht um 20% oder mehr überschritten wird. Damit stellt sich die Frage: Was veranlaßt einen Menschen, täglich mehr Kalorien zu sich zu nehmen als er eigentlich braucht? Schon als Säugling macht der Mensch die Erfahrung, daß Essen weit mehr ist als Nahrungszufuhr, nämlich Zuwendung, „Stillen" von Bedürfnissen und Abstellen von Unlustgefühlen. Im Verlauf der Erziehung prägen die Essenskonzepte unsere Einstellung zum Essen und unsere Beziehung zum Körper-Sinn-Bereich überhaupt. „Essen und Trinken hält Leib und Seele zusammen." „Wohlgenährt (= gesund), dann hast du wenigstens etwas zuzusetzen." Kontakt, Zuwendung, Geborgenheit und Sicherheit werden mit „Liebe geht durch den Magen" angesprochen. „Iß, damit du groß und stark wirst" stellt den Zusammenhang zu Leistung und Erfolg her. Sparsamkeitskonzepte finden Ausdruck in dem Spruch „Lieber sich den Bauch verrenken, als dem reichen Wirt was schenken."

Schönheitsideale und Gewichtsvorstellungen sind stark von Kultur, Zeitströmungen und Mode abhängig. Es gilt immer noch eine „Twiggy-Figur" als erstrebenswert, nach dem Motto „Schlank ist schön und gesund". Neue Schlankheitsdiäten haben in den letzten Jahrzehnten Hochkonjunktur. Oft haben die Fettsüchtigen aber keine Krankheitseinsicht; subjektiv sind sie sogar der Meinung, nicht viel zu essen. Typisch sind sogenannte Freßanfälle, besonders abends oder auch nachts, zwanghafte Nahrungsaufnahme in Spannungs- und Konfliktsituationen, Angst- und Schuldgefühle im Anschluß an das Essen, sowie abwechselnd Phasen von übermäßigem Essen und Hungern.

Positive Deutung: *Die Fähigkeit, sich hier und heute etwas Gutes zukommen zu lassen und eine positive Beziehung zu sich und seinem Körper herzustellen.*

Fallbeispiel

Situationsbeschreibung: Ein 10jähriges Mädchen ist das mittlere Kind von drei Geschwistern. Die nur 1 Jahr ältere Schwester machte schon als Baby große Probleme beim Essen, sie war sehr untergewichtig und die Eltern brauchten viel Geduld beim Füttern, die eher der Vater aufbrachte. Der 3 Jahre jüngere Bruder war der lang ersehnte Stammhalter der Familie und genoß es, das Lieblingskind des Vaters zu sein. Das „Sandwich-Kind" galt als absolut problemlos, bis es auf sich durch „Kummerspeck" aufmerksam machte.

Ist-Wert (Stufe I): Der Vater hatte sich in seiner Jugend als Vollwaise aus ärmlichen Verhältnissen hochgearbeitet und war Lehrer geworden. Hunger und Geldnot waren seine jahrelangen Begleiter. Die Mutter kam aus einem Dorfschullehrerhaushalt, zu dem auch eine kleine Landwirtschaft gehörte. „Essen und trinken hält Leib und Seele zusammen" war ein Motto zu Hause, das aber durch eine religiös untermauerte Askesehaltung des Vaters relativiert wurde. Die Mutter dagegen lebte nach dem Prinzip, daß „Liebe durch den Magen geht" und sie entwickelte ein bewundernswertes Geschick, mit sparsamsten Mitteln die Familie zu verwöhnen. Die Zehnjährige hatte in dieser nach außen hin intakten Familie das Gefühl, ständig zu kurz zu kommen und holte sich ihre „Wärme" durch Naschereien, für die sie sogar kleine Geldbeträge stahl. Dafür wurde sie oft mit dem Stock verdroschen und vor allem vom Vater mit tagelangem Schweigen und Mißachtung bestraft. Als dann auch noch Sticheleien von dem jüngeren Bruder und Hänseleien von den Klassenkameraden dazukamen, zog sich das Mädchen völlig zurück und flüchtete sich in Schularbeiten, um wenigsten hier eine gewisse Anerkennung zu erhalten. Diese Anerkennung wurde vom Vater jedoch nie direkt gezeigt, um seine Kinder nicht zur Unbescheidenheit zu erziehen; im Gegenteil, die mittlere Tochter bekam noch die Verpflichtung, ihren Geschwistern bei den Hausaufgaben zu helfen.

Soll-Wert: Erst die wiederholten Diebstähle bewegten die Mutter dazu, sich um die eigentlichen Bedürfnisse des Mädchens zu kümmern. Allerdings war ihr Handlungsspielraum sehr beschränkt, da sie sich niemals gegen den Vater stellte und der Schein einer intakten Familie gewahrt werden mußte (Höflichkeit). Über die Kinderärztin suchte die Mutter Rat und wurde so zur Therapeutin für die Familie. Diese Initiative ergriff sie zu dem Zeitpunkt, als der Vater beruflich bedingt nach einem Umzug der Familie in eine andere Stadt für ein Jahr nur zum Wochenende zu Hause war.

Inventarisierung (Stufe II): In der Familie war der Leistungsbereich stark überbetont, während vor allem in dem Bereich Kontakt große Defizite (Sparsamkeit!) bestanden. Auch der Körperbereich war eher ambivalent besetzt und hinsichtlich der Zukunft bestanden bei beiden Eltern latente Ängste, auf die vor allem der Vater Antworten in seinem Glauben suchte. Höflichkeit, Bescheidenheit und Gehorsam waren absolute Erziehungsideale, die keinerlei expansive und aggressive Tendenzen zuließen. Alle diese Spannungen mußte das Kind in sich hineinfressen. Dazu kamen Ängste, daß der „Ernährer" der Familie für immer wegginge. Essen wurde somit auch zum Symbol für Sicherheit und Vertrauen. Die Mutter ergriff dann nach dem Umzug die Initiative und knüpfte in der neuen Umgebung viele Kontakte und investierte mehr Zeit für die Kinder. Das Bewußtmachen des Zusammenhangs zwischen „Essen – Sicherheit – Zeit / Liebe – Vertrauen" brachte für die Familie die Wende und stärkte vor allem das Selbstvertrauen der Mutter.

Liebe

ist die Fähigkeit zu einer positiven emotionalen Beziehung, die sich auf eine Reihe von Objekten in unterschiedlicher Gradabstufung richten kann. Liebe beinhaltet kein einheitliches Verhalten: man hat die Fähigkeit, einen anderen zu lieben und die Fähigkeit, sich so zu verhalten, daß man geliebt wird. Die vordringlichsten Äußerungsformen von Liebe in der Erziehung sind: Zeit, Geduld, Vorbild.

Fragen Sie sich: Akzeptieren Sie sich selbst (Ihren eigenen Körper)? Wer von Ihnen ist mehr geneigt, den anderen Partner zu akzeptieren? Wollen Sie Ihren Partner am liebsten nur für sich allein haben? Fühlen Sie sich in einer größeren Gruppe geborgen oder bedrängt? Was bewegt Sie dazu, einem anderen Menschen etwas Gutes zu tun? Wurden Sie als Kind, Jugendlicher von Ihren Eltern akzeptiert? War man bei Ihnen zu Hause großzügig oder sparsam mit Zärtlichkeiten, Zuwendungen oder Liebesbeweisen?

Störungen: Angst vor Liebe bzw. Liebesentzug, Unsicherheit, Mißtrauen, Eifersucht, übertriebene Erwartungen, Launen, gefühlsmäßige Enge, Sexualstörungen, Kontaktarmut, emotionale Versandung.

Rat: Wenn Sie Ihren Partner lieben, verhalten Sie sich auch so, daß Sie geliebt werden? Wenn Sie sich so verhalten, daß Sie geliebt werden, sind Sie auch in der Lage, Liebe und Zärtlichkeit zu geben? Welche Aktualfähigkeiten (z.B. Ehrlichkeit, Treue, Zuverlässigkeit) sind für Sie Kriterien dafür, ob Sie Ihren Partner akzeptieren und lieben können?

Vertrauen

ist die Fähigkeit, sich auf jemanden verlassen zu können und sich bei ihm geborgen zu fühlen. Das Vertrauen entsteht zunächst auf dem Boden der primären Fähigkeiten und der Liebesfähigkeit und bezieht die ganze Person, mitunter die gesamte Umwelt in ein Vertrauensverhältnis ein. Andererseits orientiert sich das Vertrauen an einzelnen Erfahrungen, die man hinsichtlich der Aktualfähigkeiten machte, also durch das Zutrauen.

Fragen Sie sich: Haben Sie zu sich und Ihrem Partner Vertrauen? Sind Sie in Ihrem Vertrauen enttäuscht worden (Situationen)? Haben Sie das Vertrauen anderer enttäuscht (Situationen)? Können sie fremden Menschen Vertrauen schenken oder sind Sie eher vorsichtig? Zu wem von Ihren Eltern hatten Sie mehr Vertrauen, bei wem fühlten Sie sich als Kind mehr geborgen?

Störungen: Vertrauensbruch, Mißtrauen, blindes Vertrauen, Enttäuschung, Eifersucht, Haß, Neid, Ablehnung, überhöhte Erwartung, Mißerfolgserwartung, Minderwertigkeitsgefühle, Resignation, Ängste, Depressionen.

Rat: „Glaube an Gott und binde Dein Kamel fest." Auf welche Eigenschaften, Personen und Gruppen bezieht sich Ihr Vertrauen oder Ihr Mißtrauen? Wie entstand das Mißtrauen, durch Enttäuschung oder Nachahmung?

Beispiel: „Meine Eltern haben meinen Bruder viel lieber als mich. Als Trost stopfe ich dann eine ganze Tafel Schokolade in mich hinein."

Situative Ermutigung (Stufe III): Entscheidend für die Entwicklung des Mädchens war, daß sich die Mutter Zeit nahm und bestimmte Dinge nur mit dieser Tochter unternahm. So lernte sie Nähen und Stricken, was sich sehr günstig auch auf den gesamten Körperbereich (Ästhetik und Kreativität) auswirkte. Auch der Kontaktbereich wurde neu gestaltet; das Mädchen durfte andere Kinder einladen und auch dort Besuche machen; die Mutter selbst nahm auch wieder Kontakte zu ihren Verwandten in der Nähe auf.

Therapieverlauf (Stufe IV und V): Dank der Aufmerksamkeit der Mutter, die die Signale der Tochter richtig deutete, konnte der Umzug der Familie mit beruflich bedingter Trennung des Vaters als Chance zu mehr Kontakt und Offenheit genutzt werden. Die Tochter gewann nicht nur eine gute Beziehung zu sich und ihrem Körper, sondern erhielt durch die verbesserte Beziehung zu ihrer Mutter auch ein neues Verständnis für ihre Rolle als Mädchen. In dieser Familie mangelte es auch nicht an der Verbundenheit der Mutter zu ihren Kindern, sondern entwickelt werden mußte vor allem der Bereich der Differenzierung. Kritische Fragen wurden meist vom Vater abgewürgt (autoritärer Gehorsam), und es fand überhaupt kein Dialog mit den heranwachsenden Kindern statt. Ganz besonders in der Phase der Präpubertät fand keine Aufklärung statt. Erst die Verhaltensänderung der Mutter und ihre therapeutische Rolle für die Familie brachte den Kindern die nötige Hilfe in ihrer Ablösungsphase.

Fazit

- Die Mutter verstand die Symptomsprache des Kindes und holte sich Rat.
- Ihr Verständnis für das Mädchen bewirkte, daß es eine positive Beziehung zu seinem Körper aufbauen konnte.
- Individuelle Ermutigung durch Beachtung individueller Bedürfnisse der Kinder.
- Erweiterung der Lebensbereiche durch Kontakte.
- Bewußtmachen der unterschiedlichen Essenskonzepte.
- Essen als Symbol für Liebe, Vertrauen und Sicherheit.
- Nachholen der Differenzierung (kritische Fragen – Dialog) als Voraussetzung für eine normale Ablösung

Lebensweisheiten und Anekdoten

Wer satt ist, wird nie einen Hungrigen verstehen.
(Russische Weisheit)
Ein leerer Magen kann nicht gut springen, ein voller überhaupt nicht.
(aus Albanien)
Je mehr man sich selbst liebt, desto mehr ist man sein eigener Feind.
(Marie von Ebner-Eschenbach)

„Na, schmeckt der Daumen gut?“ fragt die korpulente Tante ihren Neffen. Darauf der Neffe: „Nein, aber dafür macht der auch nicht dick.“

„Mutti, warum willst du nicht mit mir spielen?“ „Weil ich keine Zeit habe, Nelly.“ „Warum hast du keine Zeit?“ „Weil ich arbeiten muß.“ „Warum arbeitest du?“ „Um Geld zu verdienen.“ „Warum verdienst du Geld?“ „Um dir Essen zu geben.“ Kleine Pause. – Dann sagt Nelly: „Mutti, ich habe keinen Hunger.“

Die Fähigkeit, mit dem Darm auf Konflikte zu reagieren – Die Durchfallerkrankungen

„Wer mit dem Verstand lebt, hat das Leben nicht verstanden." (Gerhard Uhlenbruck)

Der weiße Elefant

Ein orientalischer König schenkte einem Kalifen einen weißen Elefanten. Der Kalif war hoch erfreut über dieses wunderbare Geschenk und sah täglich nach dem Elefanten. Eines Tages dachte er, wie schön es doch wäre, wenn der Elefant das Sprechen lernen würde, dann könnte er sich auch mit ihm unterhalten. Er rief alle Wesire seines Hofes zusammen und fragte sie: „Wer von euch kann dem Elefanten das Sprechen beibringen?" Die Wesire schauten sich an und schüttelten die Köpfe, einer nach dem anderen, und murmelten vor sich hin, wer je schon so etwas erlebt habe, daß ein Elefant das Sprechen lernen könne. Ein junger Wesir trat jedoch vor den Kalifen und sprach: „Ich will dem Elefanten das Sprechen beibringen, gib mir dazu zwei Jahre Zeit." Der Kalif war über diese Antwort sehr glücklich und belohnte den Wesir reich. Die anderen jedoch fragten ihn: „Wie kannst du nur so etwas Dummes machen? Jedermann weiß doch, daß Elefanten nicht sprechen lernen können!" „Ja, das ist richtig", antwortete der junge Wesir, „doch warum sollte ich dem Kalifen nicht den Gefallen tun? Ich habe mir zwei Jahre Zeit erbeten, wer weiß, was in dieser Zeit alles geschieht! Der Elefant kann sterben. Der Tod kann den Teppich des Lebens unseres erhabenen Kalifen zusammenrollen und wegtragen und das gleiche kann auch mir geschehen."

Positive Psychotherapie

Worin das Problem besteht

Grundsätzlich können Durchfallserkrankungen in jedem Lebensalter, also auch schon bei Säuglingen auftreten. Das Krankheitsbild beginnt akut oder schleichend, anfangs nur mit Beeinträchtigung des Allgemeinbefindens, bis Durchfälle mit und ohne Blutbeimengungen und Leibschmerzen auftreten. Appetitlosigkeit, Gewichtsverlust, Anämie und Fieberschübe treten hinzu. Die Diagnose wird durch eine Darmspiegelung gestellt. Bei Kindern und Jugendlichen nimmt die Erkrankung häufig einen ungünstigen Verlauf; oft sind Operationen nötig, manchmal führt sie auch zum Tod.

Auf alle Emotionen reagiert der Darm recht empfindlich. Konflikte werden von diesen Patienten vorwiegend im Bereich Körper und Leistung ausgetragen, während der Kontakt- und Zukunftsbereich unterentwickelt ist. Ganz häufig finden sich soziale Ängste und Versagensphantasien. In den Familien dieser Patienten wird extrem viel Wert auf die Sekundärfähigkeiten, besonders Gerechtigkeit, Höflichkeit, Fleiß/Leistung und Gewissenhaftigkeit gelegt; aber ebenso Ordnung, Sauberkeit, Pünktlichkeit und Gehorsam spielen eine große Rolle. Dabei sind die primären Aktualfähigkeiten eher unterentwickelt. Oft besteht eine Mutter-Kind-Beziehung, die zwischen Verbundenheit (Nähe) und Ablösung (Distanz) schwankt, während die rechte Differenzierung der Probleme fehlt. Ganz besonders entwicklungsbedürftig sind die Aktualfähigkeiten Kontakt, Liebe und Vertrauen.

Positive Deutung: *Die Fähigkeit, mit dem Darm auf Belastungen und Konflikte zu reagieren und sich der Probleme auf gleicher Weise wie der Nahrung zu entledigen.*

Fallbeispiel

Situationsbeschreibung: Ein 15jähriger Junge litt seit mehreren Wochen unter Durchfall, Übelkeit, Erbrechen, Schlafstörungen und chronischer Müdigkeit. Diese Symptome zeigten sich verstärkt in der Schule, wo der Junge zunehmend Lernschwierigkeiten entwickelte. Erste Probleme traten auf, als er von der Grund- zur Realschule wechselte und dafür sehr weit in einen anderen Ort fahren mußte. Dadurch war der Kontakt zu den früheren Mitschülern abgebrochen und mit neuen Freunden tat er sich sehr schwer.

Ist-Wert (Stufe I): Die Familie lebte in gut situierten Verhältnissen, im Elternhaus gab es keine Konflikte, die Ehe der Eltern war gut. Der Vater arbeitete hart, zur Mutter, die als Hausfrau zu Hause war, hatte der Junge eine enge Bindung. Er war der einzige Junge von 5 Kindern (2 ältere und 2 jüngere Schwestern). Mit dem Übergang von der Grund- zur Realschule geriet er in eine zunehmende Isolierung, auf die er mit Passivität, Lernhemmung und Leistungsverweigerung reagierte. Die psychosomatische Verarbeitung des inneren Konflikts zeigte sich in der Durchfallserkrankung.

Soll-Wert: Über die positive Deutung konnte bei Mutter und Sohn ein Standortwechsel erzielt werden, der beide zur aktiven Mitarbeit motivierte. Die enge Mutter-Sohn-Bindung konnte also positiv für die Therapie genutzt werden, indem die sehr einsichtige Mutter zur Therapeutin für den Sohn und die Familie gemacht wurde.

Inventarisierung (Stufe II): Die Konfliktbereiche der Familie stellten sich wie folgt dar: Überbetonung des Leistungsbereichs, besonders durch den Vater repräsentiert, der seine hohen Erwartungen auf den Sohn übertrug. Die Konfliktaustragung des Jungen war im Bereich Körper; Defizite bestanden vor allem im Kontaktbereich und „Ängste vor der Welt“ im vierten Bereich.

Zentrales Thema in dieser Familie waren immer wieder die drei Interaktionsstadien „Verbundenheit – Unterscheidung – Ablösung“, um den Jungen, der sich in einer bedeutsamen Lebensphase befand, in seiner eigenständigen Entwicklung zu stärken. Nachholbedarf bestand besonders für die Stufe der Unterscheidung. Konfliktinhalte waren vor allem die Aktualfähigkeiten Fleiß/Leistung, Zuverlässigkeit und Höflichkeit. Bei den Primärfähigkeiten bedurfte es bei dem Thema „Liebe – Kontakt“ einer eingehenden Differenzierung, damit die Mutter-Sohn-Beziehung bearbeitet werden konnte und der Junge Hilfestellung für seine Ablösung erhielt. Dabei wurde besonders auf das Mißverständnis „Relativität der Werte“ eingegangen.

Kontakt

ist die Fähigkeit, soziale Beziehungen aufzunehmen und zu pflegen. Der soziale Kontakt ist eine Erscheinungsform der Kontaktfähigkeit, die sich auch auf Tiere, Pflanzen oder Dinge richten kann. Als Auswahlkriterien für den Kontakt fungieren die anderen Aktualfähigkeiten: Man erwartet von einem anderen Höflichkeit, Pünktlichkeit und Ordnung, Beschäftigung mit bestimmten Interessensgebieten etc. und sucht sich Partner, die diesen Kriterien entsprechen.

Fragen Sie sich: Wer von Ihnen ist kontaktfreudiger? Wer von Ihnen möchte lieber Gäste im Hause haben? Wie fühlen Sie sich, wenn Sie in einer Gesellschaft unter vielen Menschen sind? Fällt es Ihnen schwer, zu anderen Menschen Kontakt aufzunehmen? Wie fühlen Sie sich, wenn Sie viele Gäste haben? Wer von Ihren Eltern war kontaktfreudiger? Hatten Sie als Kind viele Freunde oder waren Sie eher isoliert? Wenn Ihre Eltern Gäste hatten, durften Sie dabeisein und mitsprechen?

Störungen: Hemmungen, Unsicherheit, Mißtrauen, Überempfindlichkeit, Kontaktarmut, überhöhte Erwartungen, Isolation, Einsamkeit, Flucht in die Geselligkeit, finanzielle Schwierigkeiten, Massenbildung, Depressionen, Generationsprobleme.

Rat: Es reicht nicht, das schönste Kontaktbedürfnis zu haben, wenn Sie nichts in Richtung Kontakt, Besuch, Gäste, Briefe schreiben, telefonieren, ausgehen etc. unternehmen. Kontakte zu knüpfen und soziale Beziehungen zu pflegen, kann gelernt werden. Kontakttraining allein nützt wenig, wenn die Kontaktstörungen auf andere Aktualfähigkeiten zurückgehen: Einschränkungen des Kontaktes aus Gründen der Sparsamkeit, der Ordnung, der Sauberkeit, der Höflichkeit, der Pünktlichkeit etc.

Von der Relativität der Werte

Jeder Mensch hat seine Entwicklung unter bestimmten lebensgeschichtlichen Bedingungen und in einem bestimmten Kulturkreis gemacht und deshalb auch ganz bestimmte Wertvorstellungen erworben. Gerade in der Erziehung haben sich die Einstellungen in der letzten Generation strak verändert, weil sie sich dem Zeitgeist angepaßt haben. Für viele Eltern resultierte daraus aber eher eine Orientierungskrise. Es findet sich noch allgemein die vorherrschende Meinung, daß man „mit einem gesunden Menschenverstand seine Kinder großziehen könne". Kommt es nun zu Problemen in einer Familie, dann stellt man fest, daß beide Eltern Einstellungen haben, die bestimmte Themen besonders betonen, während sie für andere Dinge blind sind. Eine Verständigung zwischen den Partnern ist dann schwierig, weil jeder etwas anderes meint. Inhaltlich beziehen sich diese Einstellungen auf die Aktualfähigkeiten, zu denen jeder individuelle Bewertungen im Laufe seiner Sozialisation erworben hatte. So kann es für den Vater wichtig sein, daß Ordnung herrscht, während er es mit der Treue und Ehrlichkeit in der Ehe nicht so genau nimmt. Die Mutter legt viel Wert auf Sauberkeit und Höflichkeit. Diese Einstellungen werden auch den Kindern gegenüber vertreten und sind oft Anlaß zu Mißverständnissen, insbesondere wenn nicht genügend unterschieden wird, daß Kinder andere Spielregeln haben als Erwachsene. Bekommt ein Kind beispielsweise ein Spielzeugauto geschenkt, dann will es seine Funktion und Aufbauweise kennenlernen und gibt sich nicht damit zufrieden, es nur fahren zu lassen. In den Augen der Erwachsenen wird die kindliche Neugier dann als Zerstören bewertet.

Ein Beispiel aus der Erwachsenenwelt: Ein Mann sitzt im Restaurant und verspeist ein delikates Gericht. Ein anderer Mann setzt sich zu ihm und sieht ihm kritisch und analysierend zu, wie er das Fleisch zerteilt, mit der Gabel aufspießt und es mit den Zähnen zerkaut. Er beobachtet jeden einzelnen Vorgang des Essens und kommentiert dabei: „Fällt ihnen überhaupt auf, daß sie das Fleisch und den Salat ganz zerstören und bis zur Unkenntlichkeit zerkleinern, wenn sie die Nahrungsmittel verzehren?" Während unserem Gast schon der Appetit vergeht, spricht sein Gegenüber weiter von einer destruktiven Phase und den aggressiven Impulsen beim Verspeisen des bestellten Gerichts. So absurd uns eine derartige Szene erscheint, sosehr gleicht sie dem Beispiel des Kindes mit dem Auto. Wir können aber voraussetzen, daß die Zerstörung der Nahrungsmittel nicht das primäre Ziel des Essens ist. Gerade diese Zerstörung ist nötig, um den Organismus zu erhalten und wachsen zu lassen. Und dieses Beispiel sollten wir uns vor Augen führen, wenn wir Kinder sehen, die ihre Autos und Spielzeuge in ihre Elemente zerlegen, um sich ihre „arteigene" Welt daraus aufzubauen und sich so die Umwelt vertraut zu machen.

Merke: Die Relativität der Werte hängt ab vom Alter, vom Geschlecht, von den persönlichen Erfahrungen, der Ausbildung, der sozialen Umgebung, der weltanschaulichen Meinung und der situationsabhängigen Stimmung. Dabei gelten ganz unterschiedliche Wertmaßstäbe: Man mißt nach Geldwert, Seltenheitswert, Gebrauchswert oder Gefühlswert. Diese unterschiedlichen Bewertungen sind die häufigsten Ursachen für zwischenmenschliche Konflikte und soziale Mißverständnisse.

Situative Ermutigung (Stufe III): Jeder Mensch hat die Bereitschaft und Fähigkeit zu anderen Lebewesen Kontakt aufzunehmen. Diese Zuwendung ist bei manchen Menschen mit Ängsten verbunden und wird als Bedrohung erlebt. In diesem Stadium kam es vor allem darauf an, mit diesem Jungen im Rollenspiel Kontaktaufnahme zu üben, und ihn zu ermutigen, seine neuen Strategien im Alltag auszuprobieren.

Therapieverlauf (Stufe IV und V): Die enge Beziehung der Mutter zu ihrem 15jährigen Sohn erforderte eine intensive Differenzierung des Konfliktinhaltes „Liebe – Kontakt". Jeder Mensch besitzt neben der Erkenntnisfähigkeit auch die Fähigkeit zur Liebe, also zur Aufnahme einer emotionalen Beziehung. Für diesen Jungen war entscheidend, daß er diese Liebe zunächst auf das eigene Ich richten lernte. Über die Bearbeitung des Körperbereichs gewann er eine neue Einstellung zu seinen Symptomen, die er als Ersatzsprache für seine Wünsche und Bedürfnisse deuten konnte.

Emotionale Zuwendung erfährt ein Kind zuerst in der primären Beziehung zur Mutter oder einer anderen Bezugsperson, aus der sich grundlegendes Vertrauen entwickeln kann, wenn das Kind sich ohne Bedingungen angenommen fühlt. Dieser Junge stand jedoch unter einer hohen Leistungserwartung, Zuwendung und Anerkennung der Eltern war an Erfolg gekoppelt. Die Beziehung zur Mutter erlebte er als stark ambivalent, schwankend zwischen Nähe und Distanz, was ihn in seinem eigenen Entwicklungsstadium völlig überforderte. Seinen inneren Konflikt versuchte er deshalb über den Körper- und Leistungsbereich auszutragen. Für die ganze Familie bedeutsam wurde dann auch die Frage nach der Zukunft und dem Sinn des Lebens – also die Kontaktaufnahme zu den transzendenten Fragen der menschlichen Existenz. Die unterschiedlichen Zukunftsängste von Mutter und Sohn (Versagen, Vereinsamung, Abschied und Ablösung, Angst vor dem Unbekannten) wurden in der Therapie bearbeitet. Ganz wichtig wurde dabei, daß sich der Vater als männliche Identifikationsfigur in die Familienberatung mit einbrachte und neue Vater-Sohn-Aktivitäten durchgeführt wurden.

Fazit

- Die Behandlung wurde als Familientherapie durchgeführt.
- Die unterschiedlichen Konfliktbereiche wurden bearbeitet.
- Der Junge gewann viel Selbstvertrauen durch Deutung der „Organsprache".
- Die Mutter-Sohn-Beziehung wurde unter dem Thema „Verbundenheit – Unterscheidung – Ablösung" angesprochen.

- Die Vater-Sohn-Beziehung wurde intensiviert.
- Der Kontaktbereich wurde im umfassenden Sinn mit der Familie bearbeitet: Kontakt zu sich selbst, zu anderen Menschen und zum Unbekannten.
- Soziale Ängste und Zukunftsängste, ebenso wie das Thema „Ablösung" wurden bei Mutter und Sohn berücksichtigt.

Lebensweisheiten und Anekdoten

Der Körper ist der Übersetzer der Seele ins Sichtbare.
(Christian Morgenstern)
Sorge für deinen Leib, doch nicht so, als wenn er deine Seele wäre.
(Matthias Claudius)

Vater: „Das schönste Geburtstagsgeschenk für mich wäre, wenn du endlich ein guter Schüler würdest." Sohn: „Zu spät. Ich habe dir schon eine Krawatte gekauft."

Zwei Jungen beobachten im Park ein Liebespärchen, das sich leidenschaftlich küßt. Fragt der eine: „Was machen die?" Sagt der andere: „Der versucht ihr den Kaugummi zu klauen."

Die Fähigkeit, hörbar auf sich aufmerksam zu machen – Das Asthma bronchiale

„Man streut den meisten Zucker dahin, wo der Kuchen verbrannt ist." (aus Holland)

Gedanken sind wie Keime

Ein Asthmatiker wurde in seinem Bett von einem schweren Asthmaanfall überrascht. Es war dunkle Nacht, und er befand sich in einem Hotel und meinte, er müßte ersticken. Er stürzte zur Tür, öffnete sie und atmete mehrfach tief durch. Die frische Luft tat ihm gut und sein Asthmaanfall ließ bald nach. Als er am nächsten Morgen erwachte, stellte er fest, daß er nicht die Tür des Zimmers geöffnet hatte, sondern lediglich die Tür des Kleiderschrankes. Positive Psychotherapie

Das Problem

Asthma bronchiale ist eine Erkrankung mit anfallweise auftretender heftigster Atemnot und dem subjektiven Gefühl zu ersticken und zu sterben. Die Erkrankung hat viele verschiedene Ursachen. Neben chemischen und physikalischen Inhalationsreizen spielen allergische, immunologisch-genetische und infektiöse Ursachen eine große Rolle. Auch psychische Faktoren haben einen großen Einfluß, sowohl bei der Entstehung als auch bei der Bewältigung der Anfälle. Jungen erkranken häufiger als Mädchen. Bereits im ersten Lebensjahrzehnt treten 30 – 40 % der Erstanfälle auf. Aus der Sicht der Positiven Psychotherapie hat diese Atemwegserkrankung mit dem Themenkreis von „Geben und Nehmen" – „Kommen und Gehen" – „Werden und Vergehen" zu tun. Fast immer ist der Leistungsbereich in den Familien überbetont. Selbstbeherrschung, Höflichkeit und Bescheidenheit gelten als hohe Ideale: Sowohl aggressive Tendenzen als auch die Wünsche nach Nähe müssen unterdrückt werden und kommen in der Organsprache zum Ausdruck. Der kleine Patient entwickelt also die Fähigkeit, durch Atemnot und Röcheln nachhaltig auf sich aufmerksam zu machen. Dabei teilt er seine Bedürfnisse zwar nicht mit Worten, aber unüberhörbar für die Umgebung mit. Er bleibt höflich – argumentieren oder brüllen kann er ja nicht – und versucht dennoch spontan-motorisch auf Überraschungen, ganz besonders auf Ungerechtigkeiten zu reagieren. Es bestehen vor allem hohe Erwartungen an Pünktlichkeit und Zeiteinteilung, sowie Leistung und Gerechtigkeit (allem gerecht zu werden).

Positive Deutung: *Die Fähigkeit, zwar nicht mit Worten, aber doch deutlich hörbar auf sich aufmerksam zu machen und dabei mitzuteilen, daß man sich belastet, eingeengt und bedrückt fühlt.*

Fallbeispiel

Situationsbeschreibung: Der 7jährige Junge ist nach zwei Mädchen das dritte Kind eines Paares, das seit 1½ Jahren im gleichen Haus in Trennung lebt. Dabei handelt es sich um das Elternhaus des Vaters, das mit hoher finanzieller Verschuldung wegen der drei Kinder umgebaut wurde und in dem auch noch die Großeltern leben. Der Vater hatte die Familie wegen einer anderen Frau verlassen; die Scheidung ist beantragt. Bei dem Jungen sind folgende Symptome festzustellen, die sich in dem letzten Jahr teils massiv verschlechtert hatten, teils neu aufgetreten waren: Asthma bronchiale, nächtliches Einnässen, allgemeine Entwicklungsverzögerung, soziale Ängste und Anpassungsstörung, außerdem wurde der Verdacht auf Legasthenie gestellt.

Ist-Wert (Stufe I): Durch Untreue des Vaters lebt die Familie getrennt, allerdings aus finanziellen Gründen im gleichen Haus. Die Scheidung ist beantragt. Die Mutter hatte zwischenzeitlich auch eine Beziehung, die aber nur kurze Zeit hielt. Sie selbst ist wegen der drei Kinder nicht berufstätig und ist dank der vielfältigen Therapien (Logopädie, Ergotherapie, Krankengymnastik) des Jungen auch kaum mehr belastbar. Sie schwankte in ihren Botschaften an das Kind zwischen: „Ich habe Angst, den Jungen zu überfordern" und „Er hängt mir zu sehr am Rockzipfel".

Soll-Wert: Über den positiven Ansatz konnte die Mutter den Sinn der Symptome ihres Kindes besser deuten. Den Appell des Jungen, durch seine dramatischen Beschwerden auf das gestörte Gleichgewicht innerhalb der Familie aufmerksam zu machen, lernte sie verstehen. Ebenso seine ängstlichen Reaktionen und vor allem die sozialen Anpassungsstörungen, die als kindlicher Versuch einzustufen waren, Kontrolle über die Situation zu gewinnen und sich selbst besser beruhigen zu können. Aber die Mutter erkannte auch, daß der Junge letztlich durch die ständigen Doppelbotschaften der Eltern überfordert war. Ganz entscheidend war, daß auch die Mutter therapeutische Hilfe bekam, um ihre traumatischen Erlebnisse aufzuarbeiten. Erst dadurch konnte sie zur Therapeutin für die Familie werden.

Inventarisierung (Stufe II): Bei der Mutter wurde ermittelt, daß ihr Leistungsbereich überbetont war, während die Sektoren Kontakt und vor allem Zukunft mit Ängsten besetzt waren. Im Mittelpunkt ihrer Beratung stand aber das Thema „Ablösung", das sich einerseits auf ihre eigene Trennungsgeschichte bezog, andererseits auf das Loslassen-Können des Kindes. Dabei spielten die Themen „Verbundenheit, Kontakt und Vertrauen" eine zentrale Rolle. Intensiv bearbeitet wurde auch der Schlüsselkonflikt Höflichkeit – Ehrlichkeit, besonders in bezug zum Thema Gerechtigkeit.

Zwischen Höflichkeit und Ehrlichkeit

Bei Asthmapatienten spielen inhaltlich Gerechtigkeit, Höflichkeit und Ehrlichkeit eine zentrale Rolle. Grundlage jeder zwischenmenschlichen Kommunikation sind Höflichkeit und Ehrlichkeit. Höflichkeit bedeutet dabei, die konventionellen Formen der zwischenmenschlichen Beziehungen anzuerkennen, eigene Bedürfnisse und Interessen gegenüber den Bedürfnissen und Interessen der anderen zu vernachlässigen und schließlich Aggressionen sozialbezogen zu hemmen. Ehrlichkeit dagegen bedeutet, sich für eigene Interessen und Bedürfnisse einzusetzen, auch gegen die Interessen anderer. Um die Konfliktlage des Patienten zu erfassen, werden seine Erfahrungen und Einstellungen gegenüber Höflichkeit und Ehrlichkeit abgetastet und durch konkrete Beispielsituationen belegt. Es zeigen sich in diesem Zusammenhang drei typische Reaktionsformen, die den folgenden drei Reaktionstypen zuzuordnen sind.

Der Höfliche

Er hält aus Rücksicht auf andere mit seiner Meinung hinter dem Berg: „Das kann ich doch nicht sagen." Auf der anderen Seite hegt er die Erwartung, daß die anderen ihm seine Wünsche von den Augen ablesen: „Das können die sich doch denken." Die enttäuschten Erwartungen sammeln sich hinter der Maske der Höflichkeit und äußern sich darin, daß der Höfliche sich zurückzieht oder psychosomatische Beschwerden entwickelt. Er fühlt sich schnell ungerecht behandelt und entwickelt für sich die Einstellung: „Die hätten sich doch denken können, daß ich mich dafür interessiere. Statt dessen denken die nur an sich; mit solch egoistischen Menschen kann ich nicht zusammenleben."

Gegenkonzept: Nur kniende Kamele kann man beladen!

Der Ehrliche

Er sagt seine Meinung gerade heraus, sagt, was er denkt, gleichgültig, ob er seinen Partnern damit auf die Füße tritt oder nicht: „Ich habe ihm meine Meinung gesagt. Wenn er das nicht verträgt, kann er mir gestohlen bleiben." Der Ehrliche drückt seine Interessen durch und gilt daher als Egoist. Von manchen seiner Umgebung wird seine Ehrlichkeit unter Umständen sogar geschätzt. Häufiger trifft er jedoch auf Unverständnis bei den anderen, die sich durch die Offenheit brüskiert fühlen. Die Folgen davon können Trotz und Schuldgefühle sein: „Ich denke gar nicht daran, ein O für ein A zu machen. Was wahr ist, muß wahr bleiben."

Gegenkonzept: Die Zunge hat keine Knochen, aber sie kann die Knochen brechen.

Der Wankelmütige

Er pendelt zwischen Höflichkeit und Ehrlichkeit, zwischen Aggressionen und Schuldgefühlen: „Es tut mir leid, daß ich so schonungslos mit ihm umgegangen bin. Ich weiß nicht, wie ich es wieder gut machen kann." „Die längste Zeit habe ich alles in mich hineingefressen und nichts gesagt. Jetzt ist mir aber der Geduldsfaden gerissen, und ich habe ihm Wort für Wort gesagt, was ich von ihm denke.“ Die Ambivalenz kann dabei verschiedene Aktualfähigkeiten betreffen: „Wenn mein Bruder was von mir will, sage ich schnell nein; aber wenn meine Mutter mich zu unrecht beschuldigt, am Streit schuld zu sein, bringe ich kein Wort heraus.“

Gegenkonzept: Worte verletzen viel mehr, als daß sie heilen. (Johann Wolfgang von Goethe)

Auf der Stufe der Verbalisierung wird zunächst zusammen mit dem Patienten bestimmt, zu welchem der drei Typen er gehört. Dazu werden Situationen im Alltag beobachtet und beschrieben, die Beispiele für sein Höflichkeits-/Ehrlichkeitsverhalten sind. Meist wird dabei deutlich, daß große Unterschiede bestehen, je nachdem, welcher Person man sich gegenüber sieht oder um welchen Konfliktinhalt es sich handelt. Sehr häufig kommt es in der Familie von Asthmapatienten vor, daß sowohl der Sender als auch der Empfänger einen überbetonten Gerechtigkeitssinn haben. Beim Sender ist dann oft der aktive Teil der Gerechtigkeit stark ausgeprägt; er fühlt sich verantwortlich und berechtigt, seine Handlungen und Anordnungen mit aller Macht und Kraft durchzusetzen und sich dabei offen und ehrlich zu äußern. Dabei fehlt es ihm häufig an Takt und Umgangsformen. Der Empfänger ist meist ein passiver Gerechtigkeitstyp, der überempfindlich und unangemessen auf Ungerechtigkeiten, Rivalitäten und Machtkämpfe reagiert und ein Gefühl der Unterlegenheit und Schwäche entwickelt. Er glaubt, ungerecht angegriffen worden zu sein und ist nicht in der Lage, seine Bedürfnisse offen zu sagen und durchzusetzen und mit Überraschungen angemessen umzugehen.

Rat: Ist der andere schwächer als du, schone ihn!
Ist der andere stärker als du, schone dich!

Situative Ermutigung (Stufe III): Ganz wichtig für das weitere Vorgehen war es, zunächst die Mutter zu stabilisieren, damit sie die Botschaften des Kindes auch positiv deuten und konstruktiv darauf reagieren konnte. Dabei waren vor allem die Geschichten und Anekdoten hilfreich.

Therapieverlauf (Stufe IV und V): Der Therapeut verstand sich dabei auch als Berater der gesamten Familie und versuchte zur Klärung der Lage, die drei Generationen unter dem Dach des Hauses an einen Tisch zu bekommen. Sie lernten die Spielregeln der Familiengruppe kennen und bekamen Verbalisierungshilfen. Kommunikation wurde geübt über Verbundenheit – Unterscheidung – Ablösung und die Durchführung von Ist- und Soll-Wert. Die fünf Stufen der Konfliktbewältigung wurde als konkrete Lebenshilfe für die Gegenwartsprobleme immer wieder eingeübt. Entscheidend war dabei, von der Illusion Abstand zu nehmen, daß immer alles zu retten wäre. Es kam viel mehr darauf an, realistisch einzuschätzen, was in dieser Situation machbar war. Der Therapeut wird in einem solchen Fall dann gegebenenfalls auch bei einer „positiven Trennung“ behilflich sein. Immer aber stand im Mittelpunkt der Therapie das Ziel, die Botschaft des Kindes zu verstehen und seine Ängste zu beruhigen.

Fazit

- Entscheidend war die Botschaft des Kindes zu verstehen und seine Störungen im Sinne der Positiven Psychotherapie zu deuten.
- Stabilisierung der Mutter war nötig, was durch die Bearbeitung ihrer eigenen Lebensereignisse erreicht wurde.
- Für eine realistische Entscheidungsfindung wurde die familientherapeutische Strategie genutzt (Familiengruppe, 5-Stufen-Konzept der Konfliktbewältigung).
- Im Zentrum stand das Thema Höflichkeit – Ehrlichkeit, aber auch die Inhalte Kontakt, Vertrauen und Gerechtigkeit.
- Im Sinne einer positiven Trennung wurde das Thema „Ablösung über Verbundenheit und Aussöhnung“ wichtig.

Lebensweisheiten und Anekdoten

Es gibt Fälle, wo Offenheit Klugheit ist. (Friedrich Theodor Vischer)

„Haben Sie meinen Rat befolgt und bei geöffnetem Fenster geschlafen?“ „Jawohl!“ „Und sind Sie nun Ihre Atemnot los?“ „Das nicht aber den Schmuck meiner Frau!“

„Papi, wenn du mir fünf Mark gibst, verrate ich dir, was der Briefträger morgens immer zur Mami sagt.“ „Okay, hier hast du das Geld. Also, was sagt er?“ „Guten Morgen, Frau Meier, hier ist die Post!“

„Wer am Ende seiner Träume ist, wacht auf."

Die Krähe und der Papagei

Ein Papagei saß zusammen mit eine Krähe in einem Käfig. Oh, wie litt der arme Papagei unter der Gegenwart des gefiederten schwarzen Untiers. „Welch abscheuliches Schwarz, welch gräßliche Figur, welch ordinärer Gesichtsausdruck. Wenn jemand so etwas beim Morgenaufgang sehen muß, ist ihm die Freude für den ganzen Tag dahingeschmolzen. Einen abstoßenderen Genossen als dich gibt es nirgendwo." Es mag erstaunen, aber auch die Krähe litt unter der Gegenwart des Papageis. Traurig und bedrückt haderte sie mit dem Schicksal, welches sie mit jenem unangenehmen Gesellen zusammengeführt hatte: „Warum muß gerade mich das Unglück treffen? Warum verließ ausgerechnet mich mein guter Stern? Warum mußten meine glücklichen Tage in solche Tage der Dunkelheit münden? Mir wäre es angenehmer, mit einer anderen Krähe auf der Mauer des Gartens zu sitzen, zusammen mit ihr die Gemeinschaft zu genießen und mich zu erfreuen.“ Saadi, persischer Dichter

Worin das Problem besteht

Etwa 33 % unseres Lebens „verschlafen“ wir. Jahrzehnte unseres Lebens gehen uns scheinbar „verloren“, und dennoch begrüßt keiner das Ausbleiben des Schlafs. Denn der Schlaf ist ein ständig wiederkehrender aktiver Erholungsprozeß für Körper und Seele. Müdigkeit, Schlaf und Wachsein werden von den Nervenzellen des Hirnstamms gesteuert, Zwischenhirn und Hirnanhangdrüse bestimmen dabei den Rhythmus. In der Freiburger Universitätsklinik wurde eine Untersuchung an Grundschülern über 2 Jahre durchgeführt, bei der zur Überraschung aller festgestellt wurde, daß 25 % der Schüler und Schülerinnen an Schlafstörungen litten – davon fast 90 % schon länger als 1 Jahr! Während die Eltern hauptsächlich den Schulstreß als Ursache der vielfältigen Schlafstörungen ansahen, gaben die Kinder selbst das Fernsehen als Grund an. Relativ viele Kinder (35–50 %) im Alter zwischen 2 und 5 Jahren schrecken in den ersten Nachtstunden von Zeit zu Zeit schreiend auf; dabei werden sie meist gar nicht richtig wach, beruhigen sich nach einigen Minuten wieder und schlafen weiter. Am nächsten Tag können sie sich meist nicht mehr an den Vorfall erinnern. Dieser sogenannte *Angstschreck (Pavor nocturnus)* ist meist harmloser Natur und die Eltern sollten einfach abwarten.

Etwas ältere Kinder (3–10 Jahre) dagegen leiden häufig unter *Angstträumen,* die meist in der zweiten Nachthälfte auftreten. Aus diesen schrecken sie dann weinend hoch, werden dabei auch richtig wach und finden wegen ihrer Angst nur schwer wieder in den Schlaf. Die Eltern sollten das Kind trösten und beruhigen. Allerdings sollte erst am nächsten Morgen über den Traum gesprochen werden. *Schlafstörungen* können aber auch, besonders wenn noch weitere Beschwerden dazukommen, Ausdruck bestehender Familienkonflikte sein. Oft sind es die inneren Feinde und weniger äußere Faktoren, die den Schlaf rauben. Meist findet man eine starke Betonung von Verstand und Leistung. Starkes Pflichtbewußtsein führt oft noch im Bett zu gedanklichen Auseinandersetzungen. Aber auch unerledigte Ängste und Phantasien rauben den Schlaf. Ganz häufig finden sich Konstellationen in der Familie vor, wo größter Wert auf

Pünktlichkeit und Zeiteinteilung gelegt wird, während die Primärfähigkeiten Vertrauen und Kontakt unterentwickelt sind. *Beispiel:* „Wenn du jetzt nicht sofort schläfst, bist du morgen bei der Klassenarbeit nicht ausgeschlafen."

Positive Deutung: *Die Fähigkeit, wach zu bleiben und sich die Zuwendung der Eltern zu sichern.*

Fallbeispiel

Situationsbeschreibung: Das 8jährige Mädchen wurde von der Mutter wegen Konzentrationsschwäche, häufig auftretenden Kopfschmerzen und nächtlichen Angstträumen vorgestellt. Immer wieder kam es zu Eifersuchtsszenen gegenüber dem 3jährigen Bruder. In ihren Wutanfällen fing sie dann an zu kratzen und zu schlagen: auch ihren Schulkameraden und anderen Kindern gegenüber hatte sie Kontaktschwierigkeiten.

Ist-Wert (Stufe I): Die Ehe der Eltern wurde geschieden, als das Mädchen 5 Jahre alt war. Bis dahin war sie der Mittelpunkt der Familie und entwickelte sich ohne besondere Auffälligkeiten. Sie erhielt viel Zuwendung von der Mutter, die sie „recht locker" erzog, andererseits jedoch hohe Erwartungen an bestimmte Rollen und Verhaltensnormen hatte. Die zweite Ehe der Mutter, die Geburt des Bruders, ebenso wie ihre Einschulung verliefen zunächst scheinbar ohne Probleme. Allerdings schafften diese Ereignisse für das Mädchen eine völlig veränderte Situation, da sie durch die Geburt des Bruders nicht mehr die volle Aufmerksamkeit ihrer Mutter hatte. Die Konfliktsituation des Kindes äußerte sich in offener oder latenter Eifersucht. Diese wurde durch die Einschulung noch verstärkt, da sie jetzt ihre Verhaltensweisen auf die anderen Kinder ausdehnte, was zu einer Isolierung innerhalb der Klasse führte. Dabei sah sie sich auch noch hohen Ansprüchen ihrer Mutter ausgesetzt, einerseits in bezug auf die Schulleistungen, andererseits bezogen auf ihr Sozialverhalten. Diese Überforderung des Kindes verschaffte sich Ausdruck in den psychosomatischen Symptomen und in seiner Aggressivität.

Soll-Wert: Ganz entscheidend war, der Mutter das Verhalten des Kindes positiv zu deuten und einen Standortwechsel vorzunehmen. Die Mutter erkannte rasch die Chance, die sich durch die Symptome der Tochter ergab. Sie selbst konnte sich mit *ihren* bisherigen Lebensereignissen und ihren eigenen Konzepten auseinandersetzen. Erst dann war sie befähigt, die Therapeutenrolle für die Familie zu übernehmen.

Inventarisierung (Stufe II): Mit der Mutter wurden die Konfliktbereiche ermittelt, die im Zusammenhang mit den Störungen des Kindes standen. Leistung wurde stark überbetont, was sich vor allem in hohen Anforderungen an das Mädchen hinsichtlich des schulischen Erfolgs, aber auch bezogen auf Wohlverhalten zeigte. Dagegen waren die Bereiche Kontakt (Scheidung, Eifersucht) und Zukunft (Ängste!) konflikthaft besetzt. Erst die Bearbeitung der Lebensereignisse der Mutter und das Hinterfragen ihrer eigenen Familienkonzepte ermöglichten den richtigen Zugang zur Tochter. Inhaltlich wurden die Aktualfähigkeiten Kontakt und Vertrauen angesprochen, besonders unter dem Aspekt von Zeit, Zeiteinteilung und Pünktlichkeit.

Pünktlichkeit
ist die Fähigkeit, eine erwartete oder vereinbarte Zeiteinteilung einzuhalten.

Passive Pünktlichkeit: Die Anpassung an eine vorgegebene Zeiteinteilung; erwarten, daß sich die anderen pünktlich verhalten.

Aktive Pünktlichkeit: Selber Zeit planen und sich im Sinne von Pünktlichkeit verhalten.

In der Positiven Psychotherapie ist Pünktlichkeit die erste Kulturleistung. Fütterungs-, Säuberungs- und Schlaf-Wach-Rhythmen bestimmen die erste Zeiteinteilung des Säuglings. Im Verlauf der Entwicklung werden die Pünktlichkeitserwartungen und das Pünktlichkeitsverhalten durch weitere spezifische Lernerfahrungen (z.B. zu spät in die Schule kommen) modifiziert.

Stellen Sie sich folgende Fragen: Wer von Ihnen (Sie oder Ihr Partner) legt mehr Wert auf Pünktlichkeit? Haben oder hatten Sie Schwierigkeiten wegen Unpünktlichkeit (mit wem)? Wie reagieren Sie, wenn einer nicht zur vereinbarten Zeit kommt? Nehmen Sie oder Ihr Partner immer alles auf die Minute genau? Wer von Ihren Eltern (Großeltern) legte mehr Wert auf Pünktlichkeit und genaue Zeitplanung?

Störungen: Erwartungsangst, Zeitdruck, ständige Furcht vor dem Nicht-fertig-Werden, Streß, innere Unruhe, Unzuverlässigkeit.

Rat: Keine Termine geben ohne Terminkalender. Jemandem ehrlich zu sagen, daß man keine Zeit hat, ist oft besser, als ihn warten zu lassen. Wenn jemand zu spät kommt, ist das mitunter noch besser, als wenn er gar nicht gekommen wäre. Motto: Schön, daß du trotzdem gekommen bist!

Verallgemeinern und unterscheiden
Ohne die Fähigkeit der Menschen, von einem Ereignis auf andere Ereignisse zu schließen und sich dann in entsprechenden Situationen gleich zu verhal-

ten, könnten wir das vielfältige Angebot unserer Umwelt kaum bewältigen. Jedes Lernen setzt also die Fähigkeit zur Generalisierung voraus und ermöglicht uns, Wahrnehmungen zusammenzufassen, Oberbegriffe zu bilden und letztlich abstrakt zu denken. Zu Mißverständnissen gibt diese Fähigkeit aber immer dann Anlaß, wenn aus bestimmten Ereignissen Rückschlüsse gezogen werden, die eine Fehleinschätzung beinhalten. Wenn ein Kind sich am Herd verbrannt hat, wird es diesen eine ganze Zeit meiden, auch wenn er vielleicht längst kalt geworden ist. In diesem Sinne ist die Generalisierung für uns ein Schutz. Schwerwiegender werden die Mißverständnisse aber, wenn wir in zwischenmenschlichen Beziehungen von unseren Erlebnissen mit bestimmten Menschen und Situationen auf die Eigenschaften und Verhaltensweisen anderer schließen. Auch Rückschlüsse von einzelnen Eigenschaften auf den Charakter des ganzen Menschen führen häufig zu Fehleinschätzungen.

Beispiel: „Daß ich Probleme mit meiner Tochter habe, erweckt in mir sofort das Gefühl, auf der ganzen Linie versagt zu haben."

Anregungen zum Nachdenken: Verallgemeinerungen führen zu Vorurteilen und Ungerechtigkeiten gegen sich selbst und andere. Sie sind stets mit einer Einengung des Wertgesichtsfeldes verbunden. Es kommt also ganz entscheidend darauf an, die Situationen im einzelnen zu hinterfragen und sich von dem jeweiligen Konfliktpartner ein ganzheitliches Bild zu machen.

Merke: Lerne zu unterscheiden zwischen dem Teil und dem Ganzen!

Situative Ermutigung (Stufe III): Zu dem Thema Generalisierung und Unterscheidung bot sich besonders die Geschichte „Von der Krähe und dem Pfau" an. Die Mutter lernte rasch, daß ihre Tochter nicht nur Probleme machte und sich aggressiv benahm, sondern daß sie auch viele positive Eigenschaften und Fähigkeiten besaß. Und um in der Vogelwelt zu bleiben, erzählten wir dem Mädchen die Geschichte „Die Krähe und der Papagei." Über dieses Bild konnte die Problematik ihrer Eifersucht angegangen werden, was die 8jährige schon gut verstehen konnte.

Therapieverlauf (Stufe IV und V): Durch den alles entscheidenden Standortwechsel war die Mutter des Mädchens in der Lage, auch die „schönen Pfauenfedern" ihrer Tochter zu sehen und anzuerkennen. Die Probleme, die das Kind durch sein Verhalten zum Ausdruck brachte, wurden für die ganze Familie zur Chance, weil die Mutter rasch und sehr motiviert die Therapeutenrolle übernahm. Dazu war sie in der Lage, weil auch ihre Konflikte bearbeitet wurden und sie in ihren vier Lebensbereichen eine neue Balance fand.

Fazit

- Durch den positiven Ansatz wurden die Probleme des Kindes zur Chance für die ganze Familie.
- Die Lebensereignisse der Mutter und ihre eigenen Konfliktbereiche bedurften der Bearbeitung.
- Der Therapeut übernahm beratende und pädagogische Funktionen.
- Die Mutter wurde befähigt, die Therapeutenrolle für die Familie zu übernehmen.
- Das Kind wurde über die Geschichten aktiv und altersgemäß einbezogen.

Anekdoten und Lebensweisheiten

Der Schlaf ist für den ganzen Menschen, was das Aufziehen für die Uhr. (Arthur Schopenhauer)
Gehe mit den Hühnern schlafen und steh mit den Hähnen auf. (Spanische Weisheit)
Goldne Träume lassen hungrig aufwachen. (aus Großbritannien)

Cornelia will ausnahmsweise ganz früh ins Bett gehen. „Bist du krank?" fragt die Mutter. „Nein, mir ist nur gerade eine ganz tolle Idee für einen Traum gekommen."

Sohn: „Letzte Nacht habe ich geträumt, du hättest mir 100 Mark geliehen." Vater: „Geht in Ordnung. Du darfst sie behalten."

Wenn die Schule keinen Spaß macht ...

Die Fähigkeit, Leistungsanforderungen aus dem Weg zu gehen – Faulheit und das Schulschwänzen

„Der wahre Beruf des Menschen ist zu sich selbst zu kommen." (Hermann Hesse)

Planung

Hör dir das an, Gott, ich will heute mit dem Auto unterwegs sein, morgen schließ ich den Kaufvertrag ab, das neue Haus wird in zehn Monaten stehn, dann ziehen wir ein, machen das dritte Kind, schicken das erste zur Schule, das Geschäft wird vergrößert, den Kompagnon schmeiße ich raus, kaufe das restliche Aktienpaket, übernehme den

Vorsitz in der Waschmittelgesellschaft, wechsle die Freundin, der Bungalow im Tessin ist fällig, die Gören springen mir von der Tasche, die Frau hat eine Operation, ich bin Generaldirektor, vielleicht Prostata, gut, wird repariert, man ist sechzig, Konzern gesund, rapide wächst das Grundkapital, glänzende Aussichten für die nächsten zehn Jahre, was sag ich, für zwanzig – hör dir das an, Gott, und komme mir nicht dazwischen.

Rudolf Otto Wiemer

Worin das Problem besteht

Der Bereich „Leistung und Verstand" hat in einer Industriegesellschaft ein besonderes Gewicht. Von der Erziehung eines Menschen ist es abhängig, wie die Leistungsnormen ausgeprägt sind und in das Selbstkonzept des Heranwachsenden eingegliedert werden können. Dabei sind nicht nur die Erziehungsvorstellungen der Eltern wichtig, sondern auch die Normen und Konzepte, die in der jeweiligen Gesellschaft und Kultur vorherrschen. Mit der Industrialisierung und Verstädterung setzte ein Trend zur Kleinfamilie ein, die meist nur aus Eltern und Kindern besteht und in den seltensten Fällen die Großeltern einbezieht. Diese nehmen oft nur Teilfunktionen wahr, z.B. als Babysitter. Zwangsläufig ist damit auch verbunden, daß Erziehungsaufgaben immer mehr auf verschiedene Institutionen übertragen wurden. Es beginnt damit, daß ein Kind in der Klinik geboren wird und von Säuglingsschwestern versorgt wird. Erziehungsaufgaben werden außer von der Mutter zunehmend auch vom Vater übernommen, von den Großeltern, einem Babysitter, dem Kindergarten, der Schule oder dem Internat. Diese Funktionsaufteilung in der Erziehung hat nicht unbedingt nur negativen Charakter, sie bringt nur ihre eigenen typischen Probleme mit sich, die in der Erziehung Berücksichtigung finden müssen.

Gerade die Nachkriegsgeneration in Deutschland fand im Leistungsbereich ihre Lebensziele. Überleben und Wiederaufbau prägten anfangs die Denkweise; 50 Jahre Frieden und stetiger Wirtschaftsaufschwung verfestigten die Einstellungen „Kannst du was, dann bist du was!" – „Spare in der Zeit, dann hast du in der Not!" (Verknüpfung von Ausbildung – Leistung – Geld – Ansehen). Das führte dazu, daß heute eine Kindergeneration heranwächst, die einerseits kaum finanzielle Beschränkungen kennt. Die Sechs- bis Siebzehnjährigen konnten 1996 über eine Kaufkraft von 16,7 Milliarden Mark verfügen.

Dabei zeigt sich auch ein starker Trend zu Markenartikeln. sowohl in der Kleidung, als auch bei den Nahrungsmitteln. Die Eltern unterstützen diese Grundhaltung oft auch noch, indem sie stolz auf den guten Geschmack ihrer Sprößlinge sind und merken erst zu spät, daß sie reingefallen sind. Wieder ein Beispiel dafür, wie wichtig die gemeinsame und bewußte Auseinandersetzung der Eltern mit ihren persönlichen Erziehungszielen ist. Andererseits leidet die junge Generation aber daran, daß ihre Zielvorstellungen für eine sinnvolle Lebensgestaltung längst nicht so eindeutig festgelegt sind wie sie es bei ihren Eltern waren. Die wiederkehrende Klage über den Wertverlust in unserer Gesellschaft beinhaltet aber gerade für die Jugend auch die Chance, eigenständige Ziele zu entwickeln.

Im schulischen Sektor zeigt sich seit 1960 ein deutlicher Trend zu qualifizierterer Schulausbildung der Kinder. Die Ausdehnung der Schulzeit brachte vor allem einen Zuwachs an Real- und Gymnasialschülern, während die Zahl der Hauptschüler stetig sank. Gute Schulbildung und hohe gesellschaftliche Stellung korrelieren eng miteinander. In diesen Aussagen ist noch nicht erfaßt, daß auch die Inhalte der Lehrpläne immer intensiver mit speziellem Wissensstoff gefüllt wurden. Auch nicht berücksichtigt werden kann in solchen Angaben, wie sich der einzelne Schüler in diesem System wahrnimmt und wie er damit zurecht kommt. Denken und Verstand ermöglichen es uns auf dem Boden der Erkenntnisfähigkeit, systematisch und gezielt Probleme zu lösen und Leistung zu optimieren.

Zwei einander entgegengesetzte Konfliktreaktionen sind im Leistungsbereich möglich, die Ausdruck einer aktiven, bzw. passiven Bewältigungsstrategie sind.

Aktive Dimension: Flucht in die Leistung, Strebertum, Genie, Überflieger, Beschäftigungsdrang, Überforderung, Schulstreß, Streßreaktionen, Leistungszwang, Konkurrenzkampf, Ellenbogenmentalität.

Passive Dimension: Flucht vor Leistungsanforderungen, Leistungshemmung, Arbeitshemmung, Denkhemmung, Kraft- und Lustlosigkeit, Schulangst, Faulheit, Schulschwänzen, Krankfeiern, Zivilisationsmüdigkeit, Apathie, Interesselosigkeit, Konzentrationsmangel.

Konsequenzen aus aktiver und passiver Dimension: Konzentrationsstörungen, Versagensängste, Hemmungen, Selbstwertprobleme, Ängste, Aggressionen und Depressionen.

Das Vorgehen im Sinne der Positiven Psychotherapie in diesem großen Problemgebiet soll an Hand eines Beispiels erläutert werden.

Fallbeispiel

Situationsbeschreibung: Ein 17jähriger Junge leidet unter Apathie, Arbeitsunlust, Hemmungen und Schlafstörungen. Außerdem klagt er darüber, daß er sich nicht konzentrieren könne und die Schule für ihn ein unerträglicher Ballast sei. Er habe für die Anforderungen der Schule überhaupt keine Energie und Kraft mehr.

Ist-Wert (Stufe I): Die geschilderten Beschwerden des Jungen blieben nicht ohne Auswirkungen auf seine Leistungen in der Schule, aber auch auf die gesamte Familienatmosphäre, was seine Eltern veranlaßte, einen Fachmann um Rat zu fragen.

Soll-Wert: Die Mitarbeit des Jugendlichen wurde durch die positive Deutung gewonnen: sein Mangel an Energie wurde nicht als Faulheit, also eine Schwäche, sondern als eine einseitige Energieverteilung in seinen vier Bereichen gedeutet.

Inventarisierung (Stufe II): Zunächst bekam der junge Mann den Auftrag, seinen *Tagesablauf* vom Aufwachen bis zum Schlafengehen mit Uhrzeitangaben aufzulisten. Bei der gemeinsamen Bearbeitung dieser Angaben wurde schnell klar, daß er den größten Anteil an Energie für die 16jährige Freundin aufwandte – nach seiner eigenen Einschätzung ca. 85%.

Er trifft sich etwa 3–4 Stunden am Tag mit ihr, denkt nachts an sie und kommt selbst in der Schule nicht von den Gedanken an sie frei. Alle anderen Bereiche wie Eltern, Klassenkameraden und schulische Ausbildung kommen dabei zu kurz. *Bildlich* wurde dieser Sachverhalt in folgendem *Energieverteilungsdiagramm* veranschaulicht, das dem Patienten auch immer zur Erinnerung ausgehändigt wurde.

Für alle Beteiligten wurde schnell deutlich, welche Bereiche bei diesem Jugendlichen in den Hintergrund geraten waren und ganz entscheidend für die Konfliktdynamik sorgten.

Damit war der rote Faden für die Therapie schon festgelegt. Neben Anregungen zu den unterentwickelten Bereichen von Körper, Leistung und Zukunft wurden vor allem die Aktualfähigkeiten „Leistung, Zuverlässigkeit, Vertrauen/

Zutrauen und Kontakt“ unter besonderer Berücksichtigung des Schlüsselkonfliktes „Höflichkeit/Ehrlichkeit“ besprochen.

Schematisch zeigt sich die Aufteilung der Energie auf die verschiedenen Bereiche:

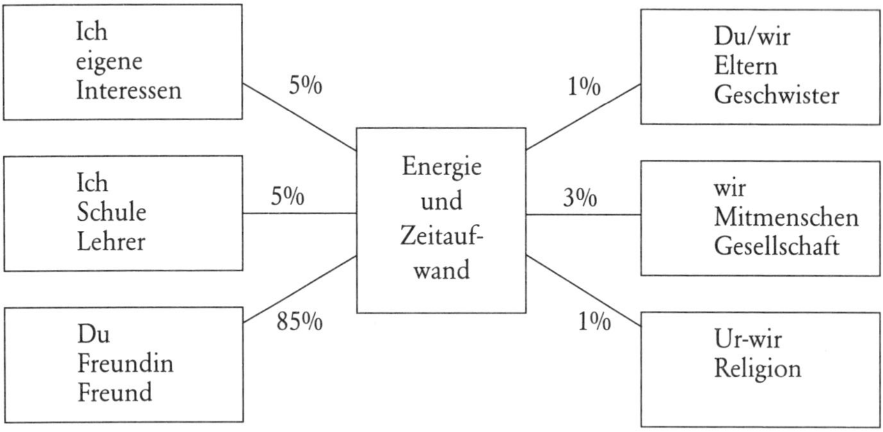

Zuverlässigkeit, Genauigkeit, Gewissenhaftigkeit

Von *Zuverlässigkeit* sprechen wir, wenn wir uns auf einen Menschen verlassen können. Er wird auch in unserer Abwesenheit eine Aufgabe in der vereinbarten Art erfüllen und unsere Erwartungen nicht enttäuschen.

Genauigkeit bedeutet, daß eine Aufgabe wie vorgeschrieben erledigt wird. Je größer die Genauigkeit, um so geringer die Wahrscheinlichkeit von Fehlern.

Gewissenhaftigkeit setzt einen inneren Maßstab für Genauigkeit, Sorgfalt und Korrektheit voraus. Man spricht von Gewissenhaftigkeit, wenn eine Leistung diesem inneren Maßstab entspricht, also mit dem Gewissen vereinbar ist.

Stellen Sie sich folgende Fragen: Wer von Ihnen legt mehr Wert auf Zuverlässigkeit? Neigen Sie oder Ihr Partner dazu, alles fehlerlos und perfekt machen zu müssen? Haben oder hatten Sie Probleme im Zusammenhang mit Zuverlässigkeit, Genauigkeit und Gewissenhaftigkeit? Führen Sie Ihre Arbeiten genauso gut aus, wenn Ihr Chef nicht da ist, wie wenn er anwesend ist? Wie fühlen Sie sich, wenn Ihr Partner Ihnen gegenüber unzuverlässig war? Können Sie Beispiele nennen? Wer von Ihren Eltern legte mehr Wert auf Zuverlässigkeit und Genauigkeit? Wie reagierten Ihre Eltern, wenn Sie einmal eine Arbeit nicht so genau ausführten?

Störungen: Umständlichkeit, mangelnde Flexibilität, Oberflächlichkeit, Vertrauensbruch, Angst vor dem Versagen, soziale und berufliche Konflikte,

Zwangsvorstellungen, Zwangshandlungen, Enttäuschungen, Überforderung, Depressionen, Schuldgefühle, Schlaflosigkeit, Grübelei.

Rat: Zuverlässigkeit und selbständige Arbeit wurden nicht in ausreichendem Maße gelernt (Minussymptomatik), große Aufgaben stellen eine Überforderung dar, deshalb kleine Aufgaben geben, häufigere Kontrollschritte.

Man hat gelernt, bestimmte Tätigkeiten zu perfektionieren, andere Bereiche werden dabei vernachlässigt (Plussymptomatik): langsam neue Bereiche, vor allem aus den Primärfähigkeiten erschließen.

Zuverlässigkeit und Genauigkeit treten nur vorübergehend auf (inkonsequente Haltung), Kontaktbestrebungen werden mit einem Absolutheitsanspruch vertreten, um bald wieder aufgegeben zu werden.

Beispiel: „Ich kann meine Schularbeiten erst anfangen, wenn auf meinem Schreibtisch alles genau an seinem Platz liegt."

Wie man auf Leistungsanforderungen unterschiedlich reagiert

Der anspruchsvolle Erwartungstyp

Dieser Typ zeigt eine überbetonte Höflichkeit, traut sich seine Bedürfnisse aber nicht zu formulieren und erwartet gleichzeitig, daß seine Mitmenschen sich so verhalten, wie er es sich vorgestellt hat und ihm seine Wünsche von den Augen abgelesen werden. Jede Schwierigkeit, jede Leistungsanforderung oder Krise wird von ihm als Katastrophe erlebt. Er versucht, alle Forderungen, die an ihn heran getragen werden, zu erfüllen, er kann nicht nein sagen, aus Sorge die Sympathie der anderen und ein Stück Geborgenheit zu verlieren. Manche versuchen ihren Willen gegenüber der mächtigen Erwachsenenwelt wie ein kleines Kind mit Trotz durchzusetzen. Dabei kommt es zu heftigen Machtkämpfen, in dem es immer Sieger und Besiegte gibt.

Der Erfolgs- und Prestigetyp

Gerechtigkeit und Ehrlichkeit – wie die sekundären Aktualfähigkeiten überhaupt – werden von diesem Typ überbetont. Er ist rasch bereit, die geforderten sozialen Rollen zu übernehmen, wobei allerdings Erfolg zum einzigen Maßstab des persönlichen Wertes wird. Jede Niederlage gefährdet aber seinen Selbstwert stark, meist reagiert er schon nur auf die Vorstellungen von Versagen mit körperlichen Beschwerden. Gewissenhaftigkeit wird zur Perfektion überspitzt, in der Erwartung, die Anerkennung der anderen zu erhalten. Dabei können aber auch Nebensächlichkeiten so in den Mittelpunkt geraten, daß der Überblick über die tatsächlichen Anforderungen verloren geht. Der Bleistift auf dem Schreibtisch wird wichtiger als die Arbeit selbst oder die Beratung mit den Kollegen. Der erfolgsorientierte Perfektionist neigt zum offenen Konkurrenzkampf, der ängstliche Perfektionist versucht seine Position eher durch Neid und Mißgunst zu verteidigen. Er beobachtet und kontrolliert seine Kollegen genau und handelt sich meist Mißtrauen und Ablehnung ein und fühlt sich letztlich müde, leer und unzufrieden.

Der Entlastungstyp

Gerade Kinder spiegeln in einer unsicheren und unentschlossenen Einstellung die orientierungslose Haltung ihrer Eltern wieder – ein Schwanken zwischen Liebe und Gerechtigkeit sowie Höflichkeit und Ehrlichkeit. Die Entscheidungsfähigkeit ist bei solchen Menschen stark eingeschränkt und ihre Stimmung schwankt so zwischen „Himmelhoch jauchzend und zu Tode betrübt ..." Ist der Leistungsanspruch hoch ausgeprägt, neigen diese Menschen zu einer besonderen Form der Depression, die man Entlastungsneurose nennt. Sie fallen nach Erreichen der hochgesteckten Ziele in eine emotionale Leere und wenden sich bald neuen Aufgaben zu. Nach außen hin wirken diese Menschen oft als Pragmatiker, sie wissen genau, was sie wollen. Innerlich aber verhalten sie sich zwar angepaßt an die gesellschaftlichen Leistungsnormen, müssen aber gleichzeitig immer wieder ihre Zweifel an diesen Leistungsnormen verdrängen. Daraus resultiert ein stetes Gefühl der Unsicherheit, das durch Anpassung an die allgemeine Meinung beruhigt wird.

Da imponiert es schon ehrlicher, wenn ein Kind oder Jugendlicher den Leistungsanforderungen offen aus dem Wege geht. Beneidet nicht so mancher Erwachsene die Jugendlichen gar, die sich trauen, ihren Protest auch zum Ausdruck zu bringen?

Anschließend war auch ganz wesentlich, daß zusammen mit den Eltern *das Mißverständnis „Gesundheit – Krankheit"* vertieft wurde.

Körperliche Krankheit von Kindern ist für alle Eltern ein Alarmzeichen, das so ernst genommen wird, daß ärztlicher Rat eingeholt wird. Immer wieder erleben wir aber, daß Verhaltensstörungen, und vor allem Schulprobleme auf Unverständnis der Eltern stoßen und oft genug bestraft werden. Dieser Automatismus „Verhaltensstörung/Strafe" erwächst aus einer Haltung, daß alles zu erreichen wäre, wenn man nur richtig wolle. Von den Kindern wird dann verlangt, daß sie anders handeln müßten – und zwar sofort. Dabei käme es viel mehr darauf an, die Erzieher würden nach den Motiven des kindlichen Handelns fragen und das Kind ermutigen, über seine Gründe zu sprechen. Verstehen und Verständnis haben, ist bei allem die Voraussetzung, um differenzieren zu können. Ich muß als Vater oder Mutter nicht immer mit dem Verhalten meines Kindes einverstanden sein, genau das kann ich auch klar zum Ausdruck bringen, aber ich sollte mich um Verstehen bemühen und mein Kind als eigenständige Persönlichkeit würdigen.

Merke: Es gibt keine schlechten Menschen, allenfalls solche, die es nicht anders lernen konnten. Aufgabe jedes Erziehers ist es deshalb, seine eigenen Haltungen zu hinterfragen und das Kind nicht einfach nur für dumm, faul, böse oder verdorben zu halten!

Situative Ermutigung (Stufe III): Entscheidend für den Jungen war, daß die Eltern mit Hilfe der positiven Deutung seine Apathie nicht mehr als Schwäche oder gar willentlichen Protest einstuften. Dadurch gewannen sie ein neues Bild von ihrem Sohn und konnten sich viel differenzierter mit der Konfliktsituation auseinandersetzen. Sehr hilfreich erwiesen sich dabei die Geschichte „Von der Krähe und dem Pfau".

Therapieverlauf (Stufe IV und V): Voraussetzung für den Erfolg der Therapie war es, die Eltern mit einzubeziehen. Sie erkannten rasch die Chance, ihre eigenen Lebensbereiche in eine neue Balance bringen zu können. Natürlich blieb es nicht aus, daß auch die Freundin in die Sitzungen einbezogen wurde, was den jungen Mann deutlich entlastete. Denn das Mädchen hatte Gelegenheit, ihre Probleme mit ihrer eigenen Familie anzusprechen. Dadurch zogen die positiven Deutungen und die erweiterte Sicht der Konfliktinhalte größere Kreise, so daß letztlich zwei Familien geholfen werden konnte. In diesem Schritt kam es vor allem darauf an, auch die Sinnfrage zu stellen und Ziele für den Zukunftsbereich zu erarbeiten. Denn meistens lernen Kinder und Jugendliche eingehend, die Erwartungen hinsichtlich Ordnung, Pünktlichkeit, Fleiß, Gewissenhaftigkeit zu erfüllen, aber die Themen der Menschheit und des Lebenssinns werden vernachlässigt.

Fazit

- Die positive Deutung ermöglicht den Therapieeinstieg.
- Der Tagesablauf erweist sich als einfaches und wirksames Instrumentarium zur Klärung der Situation.

- Die bildliche Darstellung der Energie- und Zeitverteilung veranschaulicht die zentrale Problematik auf einen Blick.
- Die Konzepte der Gesellschaft über Leistung und Umgang mit Leistungsanforderungen wurden hinterfragt.
- Für zwei Familien resultierte daraus die Chance, ihre vier Lebensbereiche neu auszubalancieren und ihre eigenen Konzepte zu relativieren und zu erweitern.

Lebensweisheiten und Anekdoten

Jedes Kind hat ein Recht darauf, in die Berufswelt hineinzuwachsen, die ihm entspricht.

Wir können die berufliche Neigung, wie überhaupt die Neigung eines jungen Menschen nur dann richtig erkennen, wenn wir ein Bild seiner ganzen Persönlichkeit gewinnen.

Onkel zum Neffen: „Was möchtest du mal werden?" Neffe zum Onkel: „BH bei der BB." Onkel zum Neffen: „Weißt du denn überhaupt, was das ist?" Neffe zum Onkel: „Klar doch – Buchhalter bei der Bundesbahn."

Mutter sagt zu Fritzchen: „Daß du im Schlaf redest, ist doch nicht schlimm." „Mag sein, aber die ganze Klasse lacht mich aus."

Die Fähigkeit, auf Überforderungen körperlich zu reagieren – Schulstreß

„Streß: man übernimmt oft Sachen, an denen man sich übernimmt." (G. Uhlenbruck)

Der Kaufmann und der Papagei

Ein orientalischer Kaufmann besaß einen Papagei. Eines Tages stieß der Vogel eine Ölflasche um. Der Kaufmann geriet in Zorn und schlug den Papagei mit einem Prügel auf den Hinterkopf. Seit dieser Zeit konnte der Papagei, der sich vorher sehr intelligent gezeigt hatte, nicht mehr sprechen. Er verlor die Federn auf dem Schädel und wurde bald ein Kahlkopf. Eines Tages, als er auf dem Regal des Geschäftes seines Herrn saß, betrat ein glatzköpfiger Kunde den Laden. Sein Anblick versetzte den

Papagei in höchste Erregung. Flügelschlagend sprang er umher, krächzte und fand schließlich zur Überraschung aller die Worte: „Hast du auch die Ölflasche heruntergeworfen und einen Schlag auf den Hinterkopf bekommen, da du auch keine Haare mehr hast?"

J. Rumi in Positive Psychotherapie

Kinder können unter Schulstreß geraten, indem sie sich mit den Leistungserwartungen der Eltern identifizieren oder diese Anforderungen unbewußt im Sinne einer Delegation übernehmen. Häufig beobachtet man dabei, daß das Selbstbewußtsein dieser Kinder stark mit schulischem Erfolg verknüpft ist; ganz besonders dann, wenn in der Familie allgemein Erfolg zum Wertmaßstab für die Qualität einer Persönlichkeit erhoben wird. Lob und Ermutigung durch die Eltern wird dann oft an bestimmte Leistungen gebunden, auch die Gewohnheiten hinsichtlich Belohnung und Bestrafung sind am Leistungskonzept orientiert. Zwangsläufig bleiben dann andere Bereiche im Hintergrund der Aufmerksamkeit, besonders der Kontaktbereich kommt bei diesen Kindern zu kurz. Bezüglich der Muster der Aktualfähigkeiten findet man in diesen Familien oft typische Konstellationen vor: Eltern haben wenig Zeit, Geduld und Zutrauen zu ihren Kindern, stellen aber hohe Forderungen bezüglich Sauberkeit, Pünktlichkeit, Ordnung, Fleiß und Gewissenhaftigkeit. Die Überbetonung des Leistungsbereiches wird dann oft noch dadurch verstärkt, daß den Kindern Ängste im Kontaktbereich eingejagt werden. „Der Jens ist doch kein Umgang für dich! Paß auf, sonst gerätst du noch in die Drogenszene!" Hinsichtlich der familiären Interaktionen zeigt sich eine starke Verbundenheit mit der Tendenz der Abgrenzung nach außen („my home is my castle") und eine oft von Erwartungen, Sorgen und Zukunftsängsten geprägte Sozialisation (= Differenzierung). Dagegen ist man den Jugendlichen bei der Ablösung aus der Familie nicht behilflich.

Die Überforderung der Kinder wird dann meist an funktionellen Störungen (Konzentrationsstörungen, Schlafstörungen) oder psychosomatischen Beschwerden (Magenbeschwerden, Verdauungsprobleme) deutlich. Oder Ängste, Hemmungen, soziale Isolierung, aber auch Aggressionen und Depressionen sind die Folge. Erst bei Auftreten solcher Beschwerden wird eine Erziehungsberatung aufgesucht oder ärztliche Hilfe in Anspruch genommen. Häufig wird Leistungsstreß in der Schulzeit noch gut kompensiert und erst in späteren Jahren (Studium und Berufsleben) zum Problem.

Lebensweisheiten und Anekdoten

Man soll die Arbeit möglichst so hoch hängen, daß keiner dran kommt. (Deutsches Sprichwort)
Müßiggang ist aller Ideen Anfang. (Gerhard Uhlenbruck)
Unsere Müdigkeit nennen wir – Erschöpfung; die anderer – Faulheit. (Curt Goetz)
Am Fuße des Leuchtturms herrscht Dunkelheit. (Japanische Weisheit)
Wer schaffen will, muß fröhlich sein. (Theodor Fontane)
Kleine Verrichtung tut wohler als großes Müßigsein. (Spanische Weisheit)
Der Stein, der rollt, setzt keinen Schimmel an. (aus Griechenland)
Ein Schulmeister hat lieber zehn notorische Esel als ein Genie in seiner Klasse. (Hermann Hesse)

Wo mein Interesse, meine Vernunft oder meine Phantasie nicht aufgerufen waren, wollte ich oder konnte ich nicht lernen. (Winston Churchill)

Ich war immer der Letzte in der Klasse. Ich hatte immer das Gefühl, daß mein Lehrer mich nicht mochte und daß mein Vater meinte, ich sei dumm. (Thomas Edison)

Wenn das soziale Verhalten zum Problem wird ...

Das Wechselspiel von Angst, Aggression und Nachahmung

„Wo es an Gründen fehlt, gebraucht man die Fäuste." (Deutsches Sprichwort)

Späte Rache

Ein Mann war zur Strafe von den Dorfbewohnern in eine Zisterne, eine ausgetrocknete Wassergrube, geworfen worden. Die geschädigten Dorfbewohner nahmen nun, jeder für sich, die Gerechtigkeit in die eigene Hand. Sie standen am Rande der Grube und ließen einen Regen von Speichel über den Sünder hernieder gehen. Andere warfen mit dem Kot der Straße. Plötzlich traf ein Stein den Gepeinigten. Erstaunt blickte er auf und fragte den Werfer: „Die anderen kenne ich alle. Wer bist du, daß du den Stein wirfst?" Der Mann am Grubenrand antwortete: „Ich bin der Mann, dem du vor 20 Jahren ein Leid getan hast." Der Sünder wunderte sich: „Wo warst du denn die ganze Zeit?" „Die ganze Zeit", kam die Antwort, „hatte ich den Stein in meinem Herzen getragen. Jetzt, wo ich dich so erbärmlich gefunden habe, nahm ich den Stein in meine Hand."

Positive Psychotherapie

Eine andere Betrachtungsweise von Angst und Aggression

Ausgehend von einem positiven Menschenbild in der Erziehung ist es notwendig, die Einstellung zu Angst und Aggression als Inhalte der Nachahmung neu zu betrachten. Jeder Mensch kennt Angst – Aggression – Nachahmung als typische Konfliktreaktionsmuster, selten machen wir uns aber bewußt, daß diese Größen auch Entwicklungspotentiale darstellen.

Angst ist in erster Linie eine sinnvolle Reaktion, die helfen soll, realen Bedrohungen aus dem Weg zu gehen und Kränkungen zu vermeiden. In dieser Funktion sind Ängste Ausdruck der Erkenntnisfähigkeit und haben einen sinnvollen Realitätsbezug. Erst wenn dieser Bezug zur Wirklichkeit verloren geht, wird Angst zu einem Energieaufwand ohne Zielsetzung und damit zur Störung. Angst kann aber auch als Ausdruck der Liebesfähigkeit erscheinen und zu einem sozialen Signal, Appell oder Wunsch nach einem ausreichend sicheren Gefühl von Schutz, Geborgenheit und Sicherheit werden. Dabei hat sich die Angst weitgehend von ihren Bedingungen der äußeren oder inneren Realität gelöst und ist dann als Angst vor dem Unbekannten von außen und aus uns selbst heraus zu sehen.

Aggression ist im ursprünglichen Sinn zunächst eine triebhafte Komponente, die Entwicklungsmöglichkeiten erschließt und Ausdruck der Erkenntnisfähigkeit ist. Denken wir zum Beispiel an das Kleinkind, das durch seinen natürlichen Bewegungsdrang neue Entwicklungen vollzieht. In der zwischenmenschlichen Interaktion hat Aggression aber vor allem die Funktion, Kränkungen abzuwehren und den subjektiven Wertverlust durch erlebte Frustrationen in einer Flucht nach vorn aufzufangen, nach dem Motto: Angriff ist die beste Verteidigung. Hier erleben wir Aggression als Ausdruck der Liebesfähigkeit, wenn wir sie im ursprünglichen Sinn, als aus sich heraus und auf den anderen oder etwas Neues zugehen, verstehen. Diese „positive Aggression" ist also als aktive Dimension der Liebesfähigkeit ein Mittel zur Sympathiebekundung und zur Kommunikation generell. Aber jeder Mensch ist auch kränkbar; und diese Kränkbarkeit ist ebenfalls Ausdruck der Liebesfähigkeit, und zwar in ihrer passiven Dimension. Das müssen wir uns deutlich machen, um auch bei den Menschen, die sich als unkränkbar darstellen, ihre meist von einer fundamentalen Angst ausgehende Verletzbarkeit wahrnehmen zu können. Inhalte dieser einer Kränkung zugrunde liegenden Angst haben mit unseren Erfahrungen von Nähe und Distanz im Verlauf unserer Sozialisation zu tun. Sie unterliegen dabei vor allem in unserem Kulturkreis einem relativ typischen Wandel. In der frühkindlichen Phase verbinden wir das Gefühl von Sicherheit und Geborgenheit mit Nähe, während im Erwachsenenalter eher die Distanz mit Sicherheit vor Kränkungen gleichgesetzt wird. Sexuelle Intimität wird dann oftmals als einzige Nähe zugelassen. Garant für die Balance zwischen Nähe – Distanz – Intimität, aber auch zwischen Angst und Aggression ist letztlich das Einfühlungsvermögen, das wir uns als Synthese von Erkenntnisfähigkeit und Liebesfähigkeit vorstellen können und das wir durch Nachahmung über die vier Vorbilddimensionen lernen.

Zerstörerische Aggression ist demnach als Folge von Störungen zwischenmenschlicher Beziehungen und innerseelischer Vorgänge zu werten, und oftmals Ausdruck von Angst und Hilflosigkeit, einer äußeren oder inneren Konfliktsituation mit einer angemessenen Bewältigungsstrategie begegnen zu können. Aggressive Inhalte können sich dabei in Gedanken, im Sprechen oder im Handeln zeigen.

◆ Angst und Aggression in Gedanken und Träumen

Bei unverarbeiteten Konflikten geraten die Inhalte von Angst und Aggression in den Mittelpunkt des Denkens und verselbständigen sich, verlieren dadurch aber ihre Schutzfunktion. „Man hat nicht Angst (oder Aggressionen), sondern die Angst hat einen!" Nicht immer richten sich die in Gedanken erlebten Ängste und Aggressionen gegen Personen oder Forderungen aus dem Umfeld, sondern sie können auch ihr Ziel im eigenen Ich finden. In diesem Fall bewirkt die nach innen gerichtete „höfliche Aggression" zunächst vielleicht eine Entschärfung der *äußeren* Konfliktsituation. Für den Betroffenen baut sich aber oft ein *erheblicher* Leidensdruck auf, der um so stärker wird, je unbewußter diese Vorstellungen ablaufen. Phantasien über einen Autounfall oder einen Herzanfall, schlimmstenfalls das Gedankenspiel, einen Selbstmord zu begehen und die anderen damit zu bestrafen, sind Beispiele dafür.

◆ **Angst und Aggression in der Sprache (eine Auswahl)**

Gerüchte und positive wie negative Nachreden: *„Sie sehen immer so blaß aus! Ich hatte einen Onkel, der auch immer so aussah, und dann stellte sich heraus, daß er Krebs hatte!"*

Hänseleien und Witze: *„Der hat aber abstehende Ohren; der sollte zu den Segelfliegern gehen!"*

Ironie und Zynismus: *„Das hast du ja wieder toll hingekriegt mit dem Saft eingießen, jetzt kann ich auch noch die Küche putzen!"*

Zwiesprache mit sich selbst: *„Bei nächster Gelegenheit werde ich meinem Vater ein paar passende Worte sagen; ich brauche mir schließlich nicht alles gefallen zu lassen!"*

Schimpfen: *„Ich merke, daß ich laufend mit meinen Kindern schimpfen muß, die veranstalten aber auch immer das reinste Chaos!"*

Schwören und Bekräftigungen: *„Ehrenwort, ich war das wirklich nicht!"*

Erwartungen und Vergleiche: *„Klar, mein Bruder bekommt wieder das größte Stück Torte, ist ja Mutters Liebling!"*

◆ **Angst und Aggression im Handeln**

Während in Gedanken und beim Sprechen eine gewisse Unverbindlichkeit besteht, bekommen Angst und Aggression im Handeln und Verhalten plötzlich eine konkrete Gestalt, die auch Konsequenzen mit sich bringt. In der Erziehung treten Aggressionen in folgenden Situationen zu Tage: Ausgrenzung von Spielkameraden („Spiel nicht mit den Schmuddelkindern"), Diskriminierung von Ausländern („Ausländer nehmen uns die Arbeitsplätze weg"), Zerstörung von fremdem Eigentum (Beschädigung von Fahrstühlen und Treppenhäusern), Gewalttätigkeit und Kriminalität. Im persönlichen Bereich kommen Angst, Aggression und Nachahmung außer in offenen Reaktionen vor allem auch in den drei Fluchtreaktionen zum Ausdruck: man flieht in die Krankheit (Körperbereich), in die Aktivität (Leistungsbereich) oder in die Einsamkeit (Kontaktbereich).

Allen *drei Fluchtreaktionen* ist gemeinsam, daß man versucht, sich aus einem Konfliktfeld zurückzuziehen und Spannungen auszuweichen.

• **Flucht in die Einsamkeit**

Kinder in einer solchen Situation spielen mit Vorliebe allein, werden zu Einzelgängern und entwickeln oft eine lebhafte Phantasie, die durch Fernsehen noch angeregt wird. Der mangelnde äußere Kontakt wird dann oft ersetzt durch Beschäftigung mit dem eigenen Körper, z.B. Daumenlutschen, Nägelkauen. Aggressionen werden gegen sich selbst gerichtet und führen beispielsweise zu Eßstörungen, entweder als Freßlust im Sinne der Ersatzbefriedigung oder zu Essensverweigerung als Protest gegen die Bezugspersonen. Auch Stuhlverstopfung (trotzige Weigerung) und Bettnässen (Weinen nach unten als Wunsch nach Geborgenheit und Zuwendung) weisen die gleiche Richtung auf. Auch richtige selbstquälerische Züge können auftreten wie Haare ausreißen, Lippen zerbeißen, Selbstverletzungen. In der Pubertät entwickelt sich die Kontaktarmut zu einer Neigung zur Selbstbefriedigung; im Erwachsenenalter werden sie oft Einzelgänger oder gar Eigenbrötler und ziehen sich in die eigenen vier Wände zurück. In Alkoholismus und Drogenabhängigkeit finden dann Ängste und Hemmungen ihren Ausdruck als passive Selbstmanipulation.

- **Flucht in die Aktivität**

Die Flucht bedeutet eine „Flucht nach vorn". Ein Kind, das diesen Ausweg sucht, zeigt sich interessiert und bestrebt, Erfolge im Leistungsbereich oder im sozialen Bereich zu erzielen. Im Vordergrund steht dabei immer irgendeine Form von Erfolg oder Anerkennung. Solche Kinder haben viele Freunde und Spielkameraden, entwickeln großes Organisationstalent, werden aber auch schnell zum Störenfried oder Spielverderber, wenn sie nicht im Mittelpunkt stehen. Genauso gut kann die Aktivität sich aber auch auf andere Leistungen beziehen und da eine ausgesprochene Ausschließlichkeit gewinnen, die immer verdächtig für Fluchtmechanismen ist: Leistungssportler, Bücherwurm, Leseratte, Streber, Ordnungsfanatiker, Perfektionisten. Flucht in die Aktivität hat immer einen eher offensiv-aggressiven Charakter. Die Spannungen werden vor allem nach außen ausgetragen, was sich in direkten Angriffen, Vorwürfen oder Manipulation anderer äußern kann. Jugendliche neigen dann auch zu Gewalttätigkeit und Kriminalität. Als Erwachsene profilieren sie sich als Erfolgstyp, Gelehrtentyp oder Managertyp. Der Leistungsbereich ist extrem ausgeprägt und einseitig repräsentiert, und dient als Mittel zur Selbstbestätigung.

- **Flucht in die Krankheit**

Diese Fluchtreaktion basiert meist auf Lernerfahrungen, für die Nachahmungen eine besondere Rolle spielen. Oft sind es Erfahrungen wie: wenn du krank bist, wirst du geschont und brauchst nicht aufzuräumen; du stehst im Mittelpunkt, alle sind besorgt; du erhältst Zuwendung, die du dir schon lange wünschst. Wenn schwierige Situationen zu bewältigen sind, wird auf solche Lernerfahrungen zurückgegriffen: bei Ärger in der Familie, vor Prüfungen oder wenn man unliebsamen Personen aus dem Weg gehen will, bleibt als Ausweg die Flucht in die Krankheit. Im Verlauf der Entwicklung verselbständigt sich dann dieses Reaktionsmuster, so daß man schließlich selbst keinen Zugang zu den Ursachen und Mechanismen hat.

Als **Fazit** kann man sagen: Angst – Aggression – Nachahmung besitzen den Charakter eines Signals. Sie weisen auf einen nicht differenzierten oder einseitig entwickelten Bereich in der Persönlichkeit eines Menschen hin, durch den es zur Einschränkung der Ich-Sphäre kommt. Alle diese Signale sind aber auch Hinweise, Chancen wahrzunehmen und Entwicklungen im Sinne der Nacherziehung zu fördern.

Praktische Konsequenzen

Ängste und Aggressionen treten im Alltag in vielfältiger Weise in Erscheinung.

Aktive Erscheinungsformen – eher Aggressionen

In der Sprache: Schimpfen, Drohungen, Verwünschungen, Notlügen, Übertreibungen

Im sozialen Bereich: Kontaktdrang, übertriebene Bindungen, Solidarisierung, Flucht in die Geselligkeit, Gewalttätigkeit, Kriminalität, Diskriminierung und Rassenhaß, Kriege

Passive Erscheinungsformen – eher Ängste

In der Sprache: Untertreibungen, Ironie und Zynismus, Selbstgespräche

Im sozialen Bereich: Kontaktangst, Kontaktarmut, Anklammerungstendenzen, Hemmungen, Rückzug und Isolierung

Erscheinungsformen mit aktiver und passiver Komponente

In der Sprache: Zwangsgedanken

Im sozialen Bereich: Zwangshandlungen

Im folgenden sollen einige in der Erziehung bedeutsame Erscheinungsbilder aufgegriffen und im Licht der Positiven Psychotherapie beleuchtet werden.

Ängste – Phobien – Depressionen

„Du wirst nie wissen, wozu du fähig bist, wenn du auf deine Angst hörst."

Angst ist eine leibliche Befindlichkeit auf eine Gefahr oder ein Bedrohungserleben. Sie hat also anfangs immer einen realen Grund, der aber immer weiter aus dem Bewußtsein rückt. Die Inhalte der Ängste beziehen sich auf vier Lebensbereiche: *Vitale Ängste* betreffen den Bereich „Körper", das Körper-Ich-Gefühl, und sind in ihrer Ausprägung abhängig von der allgemeinen Körperkonstitution. *Versagensängste* sind Ausdruck davon, wie jemand verstandesmäßig auf Streß oder Probleme im Bereich „Leistung" reagiert. *Soziale Ängste,* die sehr häufig mit Depressionen gepaart sind, entspringen oft der Meinung, man müsse mit allen Problemen allein fertig werden, statt „Kontakt" zu suchen. *Existentielle Ängste* münden oft in Hoffnungslosigkeit, besonders wenn die Religion oder Lebensphilosophie keine tragfähigen Konzepte für eine sinnvolle Lebensgestaltung vermittelt („Zukunft").

Phobien sind dagegen eher Furchtzustände, bei denen die Angst einen konkreteren Inhalt bekommt, indem sie sich auf bestimmte Gegenstände, Tiere oder Orte richtet. Durch Konfliktverschiebung bleiben die eigentlichen Motive und Ursachen aber im Dunkeln. Neben Tierphobien, Phobien vor Plätzen oder in Fahrstühlen, treten heutzutage immer häufiger auch Phobien vor Krebs und anderen Krankheiten, aber auch Examensphobien und soziale Phobien (Angst vor Blicken der anderen, Angst vor dem Alleinsein, Angst vor triebhaften Impulsen) auf.

Depressionen können in allen Altersstufen auftreten. Bei Kindern und Jugendlichen werden sie oft verkannt, weil sie als Schul- oder Erziehungsschwierigkeiten eingestuft werden. Dazu kommt, daß Kinder unter 8–10 Jahre ihre Befindlichkeit oft nicht ausreichend verbalisieren können. Auch bei Kindern ist die neurotische Depression die häufigste Erscheinungsform, aber auch körperlich bedingte Formen (frühkindliche zerebrale Schädigungen) und „endogene Depressionen“ treten bei familiärer Belastung auf, diese jedoch selten vor dem 10. Lebensjahr. Bei Kleinkindern finden wir meist psychosomatische Symptome wie Wein- und Schreikrämpfe, Störungen im Schlaf-Wach-Rhythmus oder beim Appetit, sowie motorische Stereotypien, Einnässen oder Einkoten. Bei jüngeren Schulkindern zeigen sich sowohl psychosomatische Beschwerden, als auch zunehmend psychische Symptome wie Gereiztheit, Unsicherheit, Spielhemmungen und Kontaktstörungen. Bei älteren Schulkindern sind die Symptome oft maskiert in Schulschwierigkeiten und Verhaltensauffälligkeiten, sie bekommen aber zunehmend auch die Merkmale der Erwachsenendepression mit Grübeln, Suizidimpulsen und Suizidversuchen und sehr häufig finden sich Kopfschmerzen als psychosomatisches Symptom. Bei depressiven Jugendlichen ist die Suizidgefahr sehr hoch anzusetzen.

Charakteristisch für alle depressiven Störungen ist ein ausgeprägtes Bedürfnis nach Verbundenheit, oft in der Form, wie man es sich in der Kindheit wünschte. Vor diesem Hintergrund wird jede Ablösung zu einem Problem, eben weil das Gefühl der Verbundenheit und Geborgenheit in Frage gestellt wird und sich erhebliche Ängste entwickeln. Die Wirklichkeit wird stets von der pessimistischen Seite her interpretiert: die halbvolle Flasche wird immer leer gesehen.

Inhaltlich bezieht sich der *Konflikt der Depressiven* auf die Aktualfähigkeiten Höflichkeit mit Aggressionshemmung und Verleugnung der eigenen Interessen und mangelnder Ehrlichkeit als Zeichen schwachen Durchsetzungsvermögens. Der Depressive gleicht einem Dampfkessel, dessen sämtliche Ventile verschlossen sind. Nach außen scheinbar ruhig, steht er fortwährend in der Gefahr, durch explosive Reaktionen seiner eigenen Existenz ein Ende zu setzen. Da aggressive Regungen als unerlaubt erlebt werden, werden sie gegen sich selbst gewendet. Die Frage der Dosierung der Aggression, also die Integration zwischen Höflichkeit und Ehrlichkeit wird zur *Schlüsselfrage* in der Therapie der Depressiven. Besonders Kinder und Jugendliche setzen sich stellvertretend für ihre Gewissensinstanz mit den Eltern auseinander, weshalb Elternberatung und Familientherapie unbedingt in der Therapie berücksichtigte werden müssen.

Die Aussage der Mutter über ihren 12jährigen Jungen mit Ängsten vor Schulversagen und neurotischer depressiver Entwicklung zeigt auf, wo eine Therapie des Jungens ansetzen kann.

„Während der Schulzeit ist der Junge ausgesprochen niedergedrückt und möchte am Morgen kaum aus dem Bett. Er klagt oft über Bauchschmerzen und Unwohlsein. Überhaupt ist er ziemlich ängstlich und gehemmt geworden. Früher hatte er keine Schwierigkeiten mit den Gleichaltrigen, jetzt hat er manchmal richtig Angst vor den anderen Jungen."

Lebensweisheiten und Anekdoten

Wer von der Hoffnung lebt, der tanzt ohne Musik. (Lebensweisheit)
Hoffnung ist der Anker der Welt. (Afrikanische Weisheit)
Es ist nichts zu fürchten als die Furcht. (Ludwig Börne)

Erkenntnisse aus der Wissenschaft der Kinder: Kinder sind in dem Augenblick erwachsen, wenn sie nicht mehr fragen, woher sie kommen, und wenn sie verschweigen, wohin sie abends gehen.

Ein Junge mit ziemlich langen Haaren wartet beim Friseur, läßt aber jedesmal den nächsten vor, wenn er dran ist. So geht das stundenlang, und der Friseur fragt kurz vor Geschäftsschluß: „Hast du etwa Angst?" „Nein", kommt die lachende Antwort. „Ich bin von zu Hause weggelaufen. Bei ihnen sucht mich keiner!"

Aggressivität

„Allen Fortschritt verdanken wir denjenigen, die sich nicht anpassen." (Martin Kessel)

Der Samurai und der Mönch

Ein Samurai begegnete eines Tages einem Mönch und sagte zu ihm, um ihn auf die Probe zu stellen: „Weißt du nicht, daß ich dich, ohne mit der Wimper zu zucken, mit diesem Schwert durchbohren kann?" Darauf sagte der Mönch zu ihm: „Weißt du nicht, daß ich, ohne mit der Wimper zu zucken, zulassen kann, daß du mich durchbohrst?" aus Japan

Gewalt in der Schule

Aggressivität beschrieb Alfred Adler als einen Trieb zur Erkämpfung einer Befriedigung, zur Vermeidung von Unlust und zur Abwehr von Frustration.

Dabei kann es sich um feindselige Handlungen handeln, die gegen eine andere Person oder Sache gerichtet sind, oder auch um selbstzerstörerische Verhaltensweisen. Aus den vielfältigen Erscheinungsbildern, zu denen auch die Verwahrlosung (äußere wie innere), Kriminalität und die Rassenfeindlichkeit gehören, soll an dieser Stelle nur die Aggressivität näher beleuchtet werden.
Bei Schulkindern sind körperliche Auseinandersetzungen mit gleichaltrigen Kameraden die Regel. Bei Jungen äußert sich Aggression eher in körperlicher Gewalt und Drohungen, während Mädchen eher verbal agieren: sie verhöhnen, reden nicht, beachten andere nicht oder setzen Gerüchte in die Welt. Gewalt in Schulen folgt dem Gesetz des Stärkeren. Kinder sind oft wiederholt Opfer diese Aggression, die über Ärgern hinaus geht und eine absichtliche Schädigung des anderen zum Ziel hat. Dabei bleiben die Jungen meist unter sich, während Mädchen oft von anderen Mädchen oder aber von Jungen schikaniert werden. Immer wieder ist der Schulhof und der Schulweg Tatort für Gewalt, weswegen sich Lehrer und Erzieher verstärkt mit diesem Thema befassen mußten. Dazu gibt es zahlreiche Studien mit teilweise gegensätzlichen Aussagen: manche sagen, die Gewalt in Schulen habe besorgniserregend zugenommen, andere kommen zu dem Schluß, daß sie früher nur stärker mit autoritären Mitteln unterdrückt wurde. Wichtig erscheint mir, daß die Opfer dieser Kampagnen eine Reihe von Signalen senden, die der Aufmerksamkeit der Erzieher nicht entgehen sollten, weil sich die Betroffenen in den seltensten Fällen trauen, das Thema *direkt* anzusprechen. Beachtung muß deshalb den veränderten Verhaltensweisen der Kinder und Jugendlichen geschenkt werden. Angst vor der Schule, Schulschwänzen, Lustlosigkeit hin bis zur Depression sind *mögliche Reaktionen* auf Gewalt und Ausgrenzung.

Trotzdem an die Fähigkeiten des Kindes glauben

Aus Sicht der Positiven Psychotherapie besitzt jeder Mensch – ohne Ausnahme! – die beiden Grundfähigkeiten: die Liebesfähigkeit und die Erkenntnisfähigkeit. Welche Entwicklung ein Kind letztlich nimmt, hängt von den Faktoren „Körper – Umwelt – Zeitgeist“ ab. Vor der näheren Abklärung der Ursachen und Motive von aggressivem Verhalten und Handeln, bin ich als Vater oder Mutter, aber auch als Erzieher, Lehrer und Therapeut aufgerufen, eine zwischenmenschliche Beziehung aufzubauen, die an die potentiellen Fähigkeiten des Kindes oder Jugendlichen glaubt. Das ist gewiß nicht leicht, ich sollte mich aber bemühen, nach dem Prinzip zu handeln: *„Ich habe Verständnis für* *dich, auch wenn ich mit deinem Verhalten nicht einverstanden bin!*" Das gewährleistet auch eine distanzierte Situationserfassung (*Stufe I: Beobachtung/Distanzierung*), die mir die Möglichkeit zu positiven Deutungen des Verhaltens gibt und trotzdem die weitere Differenzierung des Konfliktes zuläßt. Im Rahmen der *Stufe II (Inventarisierung)* sind besonders die Familienkonzepte bezüglich der vier Bereiche der Konfliktverarbeitung zu ergründen. Sehr oft finden sich hohe Erwartungen an Leistung, bei wenig Zeit für den familiären Kontakt. Die Kinder und Jugendlichen sind sich häufig lange Zeit des Tages allein überlassen. Bezüglich der Zukunftsperspektiven findet sich oftmals eine Haltung: „Was habe ich denn überhaupt noch zu verlieren!" Inhaltlich beziehen sich die Probleme auf bestimmte Konstellationen von Aktualfähigkeiten. Meist bestehen von seiten der Eltern eine hohe Erwartung an bestimmte Sekundärfähigkeiten wie Ordnung, Fleiß, Sauberkeit und Gehorsam. Vor allem aber Offenheit und Ehrlichkeit dominieren über die Höflichkeit, während gleichzeitig Defizite im Bereich der primären Aktualfähigkeiten zu verzeichnen sind. Hinsichtlich Zeit, Vertrauen, Hoffnung, Kontakt und Liebe haben die Betroffenen oft keine positiven Vorbilder erlebt. Deshalb kommt der *Stufe III (Situative Ermutigung)* in der Konfliktbearbeitung eine entscheidende Rolle zu. Verstehe ich Aggression primär als eine besondere Form der Kommunikation und sehe dahinter den Kontaktwunsch des Betreffenden, dann kann ich auch das Selbsthilfepotential erahnen, das es im Sinne einer „Nacherziehung" zu mobilisieren gilt. Die Frage: „Was will der ‚Aggressive' eigentlich wirklich sagen oder erreichen?" erschließt mir seine Motive, seine Ängste, seine Kränkbarkeit – seine entwicklungsbedürftige Liebesfähigkeit. Das setzt vor allem einen Standortwechsel der Bezugspersonen voraus, auf deren Grundlage nur der Aufbau von Vertrauen und Verbundenheit möglich ist. Erst dann ist auch der Punkt erreicht, an dem über Gegenkonzepte und Handlungsalternativen (Soll-Wert) Verhaltensänderungen eingeübt werden können (*Stufe IV – Verbalisierung der Konflikts*). In dieser Phase der Konfliktbewältigung ist es wichtig, Kontakt und soziale Kommunikation über eine Beratungsgruppe (möglichst eine Familiengruppe!) einzuüben. Das Ziel *(Stufe V)* sollte sein, einen kontrollierten, dosierten Umgang mit Aggressionen zu praktizieren. Das heißt, eine Balance zwischen Höflichkeit und Ehrlichkeit/Offenheit zu finden, die wiederum die Chance eröffnet, über die Verbundenheit (Beziehungsebene, Gleichwertigkeit und Respekt) und Differenzierung (Sachebene) zu einer Ablösung (Persönlichkeitsreifung) zu kommen, die von Eigenverantwortung getragen wird. Ziel ist, sich selbst mäßigen können aus Einsicht und nicht aus Angst vor den Konsequenzen!

Fazit
Die fünf Stufen zur Bearbeitung von Aggressionen im Überblick

I. Vor- und Nachteile der Aggressionen
- Eine Beziehung zu dem Kind oder Jugendlichen herstellen
- positive Deutungen;
- Situationsbeschreibung – Ist-Wert – Soll-Wert;
- Standortwechsel

II. Lebensgeschichte der Aggressionen? Konzepte?
Welche ähnlichen Erfahrungen habe ich gemacht? „Wer gekränkt worden ist, wird wieder kränken."
- Differenzierung der vier Bereiche der Konfliktverarbeitung;
- Fragen zur Vorbilddimension;
- Familienkonzepte;
- Konfliktinhalte – Verteilungsmuster der primären und sekundären Aktualfähigkeiten

III. Situative Ermutigung: Bemühung und Absicht als Aspekte der Selbsthilfe
- Was will das Kind oder der Jugendliche eigentlich sagen?
- Was will er eigentlich erreichen ?

IV. Wie kann das Verhalten geändert werden, um die wahre Absicht auch zu erreichen?
- Konzept – Gegenkonzept;
- Handlungsalternativen einüben (Nacherziehung über Trainieren des Soll-Werts);
- Höflichkeit/Ehrlichkeits-Training (gesunde Dosierung der Aggression);

V. Zielerweiterung: Persönlichkeitsreifung und Ablösung
Ziel ist, sich selbst mäßigen können aus Einsicht und nicht aus Angst vor den Konsequenzen!

Lebensweisheiten und Anekdoten

Trachte so zu leben, daß du der Gewalt nicht bedarfst. (Leo Tolstoj)
Wo die Liebe verkümmert, da herrscht Gewalt. (Maria Elisabeth Maurer)
Wer die Hand zum Schlage erhebt, gibt zu, daß ihm die Ideen ausgegangen sind. (Franklin Roosevelt)

Zur Gewalt mußt du hassen lernen. Zur Gewaltlosigkeit mußt du lieben lernen. (Phil Bosmans)
Das letzte Argument des Starken ist die Faust. (Hellmut Walters)
Wenn man einen Menschen nicht verlieren will, muß man seine verwundbare Stelle respektieren. (Lebensweisheit)
Ein freier Mensch gehorcht besser. (Leonardo da Vinci)
Willst du, daß man dir gehorcht, gib keine Befehle. (Filippo Neri)
Niemand kann gut befehlen, der nicht zuvor gehorchen gelernt hat. (Aristoteles)
Wer Menschen führen will, muß hinter ihnen gehen. (Lao-tse)

Was sagt die Mutter des renitenten Söhnchens? – „Nun, mein kleiner braver Liebling, sag noch einmal schön Ah, damit unser Onkel seinen Finger aus deinem Mund nehmen kann.“

Die Liebe der Kinder – Von der Pubertät

„Wenn du etwas haben willst, was du noch nie gehabt hast, mußt du etwas tun, was du noch nie getan hast."

Partnerschaft als Blume

Wer Blumen liebt, muß zunächst eine positive Beziehung zu ihnen haben. Diese alleine reicht aber nicht aus, die Blume würde welken. Wer Blumen liebt, muß auch wissen, welche Blumen er besonders gerne mag und was gerade diese Blumen benötigen. Er muß für die richtige Menge Wasser und Nährstoffe sorgen, Luft, Licht und Sonne im richtigen Maß gewähren. Aber auch dann können Blumen welken. Wer Blumen liebt, braucht Erfahrung oder den Rat derer, die schon Erfahrungen gesammelt haben. Ihr Rat hilft Fehler in der Pflege zu vermeiden, Wachstumsstörungen, Mangelerscheinungen oder die Folgen von Überdüngung auszugleichen.

Positive Psychotherapie

Was in der Pubertät geschieht

Die folgenden Überlegungen sollen Anregungen für Eltern und Erzieher sein, ihre Kinder und Jugendlichen in dieser Zeit besser zu verstehen und zu begleiten. *Hilfestellung* für Kinder und Jugendlichen bei ihrer eigenen Identitätsfindung und ihren Versuchen, Partnerschaften zu knüpfen, kann nur jemand leisten, der *selbst* seine traditionellen Konzepte zur Treue, Sexualität und Partnerschaft hinterfragt hat. Angestoßen wird so ein Prozeß in der Regel durch die junge Generation, die ihre Eltern oder Erzieher mit neuen Einstellungen konfrontiert und herausfordert. Und genau darin liegt die große Chance zur Weiterentwicklung durch Reflektion für alle Beteiligten des Ablösungsprozesses.

Auf der Suche nach einem Freund oder einer Freundin

Die Pubertät ist eine Zeit der Ablösung und der Neuorientierung, mit heftigen und oft widerstrebenden Gefühlen. Immer ist dabei auch die Begegnung mit dem anderen Geschlecht ein zentrales Thema. Aus der Liebesfähigkeit des Menschen erwächst der Wunsch nach Verbundenheit, der Ausdruck findet in der Suche nach einem Partner, dem Bedürfnis nach Kontakten zu Gleichaltrigen und dem Bedürfnis nach Zugehörigkeit zu einer Gruppe. Lernt man dann einen Partner näher kennen, entwickeln sich oft Sympathie und Intimität. Entscheidend ist dabei, daß auch die Liebesfähigkeit weiter differenziert wird. Sie bezieht sich in ihrer Entwicklung auf folgende vier Bereiche:

- Wie ich mit mir selbst umgehe, mich akzeptiere oder mich ablehne (Beziehung zum Ich).
- Wie ich auf den Partner eingehen kann und mit der Fähigkeit zu lieben und mich so zu verhalten, daß ich geliebt werde, umgehen kann (Beziehung zum Du).
- Welche Beziehung ich zu anderen Menschen und zur Gemeinschaft habe (Beziehung zum Wir).
- Welcher größeren Weltordnung ich mich zugehörig fühle und welche Weltanschauung und Religion Einfluß auf die Ordnung meiner Beziehungen nimmt (Beziehung zum Ur-Wir).

Vor der Ehe halte deine Augen offen, in der Ehe halb geschlossen. (Orientalische Lebensweisheit)

Bei der Partnerwahl spielt bewußt oder unbewußt die Differenzierung eine große Rolle. Die Erkenntnisfähigkeit verschafft uns eine Orientierungshilfe: wir suchen den anderen danach aus, ob er gut aussieht (Körper), welchen Beruf er hat (Leistung), aus welcher Familie er kommt (Kontakt/Tradition) und welche Weltanschauung und Religion er hat. Angenehme oder abstoßende Eigenschaften und Verhaltensweisen messen wir vornehmlich an den Mustern der sekundären Aktualfähigkeiten wie Pünktlichkeit, Sauberkeit, Höflichkeit, Treue, Fleiß, Zuverlässigkeit usw. und den daraus verinnerlichten Konzepten. Diese stabilisieren unser Selbstbild und bestimmen die Spielregeln, mit denen wir unsere Umwelt wahrnehmen und aufkommende Probleme bewältigen.

Auf dem Weg zur Selbständigkeit

Der Möglichkeit einer zu engen Verbundenheit wird die eigene Selbständigkeit entgegengesetzt. Dieses Autonomiestreben nimmt mit dem Erwachsenwerden stetig zu und beinhaltet die Freiheit, eigene Interessen unabhängig vom Partner zu entwickeln, mehr an Selbstverwirklichung als an Zweisamkeit zu denken und auch Beziehungen zu lösen und neu zu knüpfen. Persönlichkeitsreifung geschieht dabei in dem Maße, wie sich die Integration von Liebesfähigkeit und Erkenntnisfähigkeit, also von Verbundenheit und Differenzierung weiterentwickelt. Einheit meint dabei, die Fähigkeit, mit Hilfe von Beratung und Differenzierung unter Berücksichtigung von Verbundenheit eigenständige Entscheidungen zu treffen und diese auch zu verantworten.

Einheit

ist die Fähigkeit, die Ausprägungen der Aktualfähigkeiten, die Grundfähigkeiten, die Wertsysteme und Erlebnisse zu integrieren.

Dieser psychischen Einheit ist die Einheit der Persönlichkeit zur Seite zu stellen, welche die Fähigkeit meint, die Funktionen, Eigenschaften und Bedürfnisse des Körpers, der Umwelt und der Zeit als Einheit zu integrieren. Übergeordnet ist dem die „universelle Einheit“, die die Fähigkeit meint, mit anderen Menschen, Gruppen und Lebewesen, Dingen und Kräften Beziehungen aufzunehmen und bestehende Zusammenhänge zu begreifen. Die Einheit der Persönlichkeit, die auch die Selbstwahrnehmung umfaßt, hängt von der Entwicklung der Aktual- und Grundfähigkeiten und den Erlebnissen mit ihnen ab.

Fragen Sie sich: Sind Sie mit Ihrem körperlichen Aussehen, Ihrem Gesundheitszustand, Ihrer körperlichen Leistungsfähigkeit zufrieden? Sind Sie mit sich, mit Ihren Eigenschaften und Fähigkeiten zufrieden? Worauf beziehen Sie den Sinn Ihres Lebens: auf das eigene Wohlergehen, auf die Familie, auf besondere z.B. nationale Gruppen, auf die gesamte Menschheit, eine bessere Zukunft? Haben Sie das Gefühl, mit sich selbst eins zu sein? Haben Sie das Gefühl, mit Ihrer Umwelt eine Einheit zu bilden oder ihr gegenüberzustehen? Hatten Sie das Gefühl, von Ihren Eltern in allen Persönlichkeitsbereichen akzeptiert zu werden? Wenn nicht, welche Bereiche wurden betont oder vernachlässigt?

Störungen: Einheitsverlust, Desintegration, Ichstörung, Einseitigkeiten, hypochondrische Beobachtung des Körpers, Beruf als Lebensziel, Flucht in die Phantasie, in die Zukunft, Vorurteile, Identitätskrisen, Totalitarismus, Götzendienerei.

Rat: Alles, was wir tun, hängt mit allem anderen zusammen, was um uns ist, auch wenn wir dies nicht wahrhaben wollen. Es besteht eine Vielzahl von Bezugsgrößen, die uns in einer Situation als Einheit gelten können. Eine Therapie ist nicht nur Beseitigung der Störung, sondern Wiederherstellung der Einheit. Eine Krankheit, ein Leid, eine Krise ist *keine universelle* Störung, sondern eine Störung einzelner Bereiche

Merke: Lerne zu unterscheiden zwischen Störungen und Fähigkeiten.

Treue

ist die Fähigkeit, eine feste Beziehung einzugehen, diese über längere Zeit hinweg aufrechtzuerhalten und sich vertrauenswürdig zu verhalten. Treue im engeren Sinn bezieht sich in unserem Kulturkreis besonders auf Sexualität. Die konventionelle Ehe basiert auf Treue. Treue findet sich aber auch gegenüber Institutionen, Leitbildern oder Prinzipien, z.B. Verfassungstreue und Treue gegenüber sich selber. Ein labiles Verhältnis zur Treue hat ebenso lebensgeschichtliche Hintergründe wie eine bedingungslose, naive Fixierung an einen Partner.

Fragen Sie sich: Haben Sie in der Partnerschaft Probleme mit Treue (Situation)? Was verstehen Sie unter Untreue? Haben oder hatten Sie Schwierigkeiten, weil Sie Ihrem Partner untreu waren? Wie würden Sie reagieren, wenn Ihr Partner „fremdgehen" würde (bzw. wie haben Sie in einer solchen Situation reagiert)? Spielen Sie mit dem Gedanken, einen anderen Partner zu haben? Halten Sie es für möglich, daß Ihr Partner in Ihrer Abwesenheit untreu würde? Halten Sie ein bißchen Untreue für ganz reizvoll? Waren Ihre Eltern einander treu ?

Störungen: Fixierte Treue, Eifersucht, Eifersuchtswahn, Treulosigkeit, Vertrauensbruch, Verrat, Hoffnungslosigkeit, Angst, Aggression, Depression, Sexualstörungen.

Rat: Treue beginnt nicht mit der Eheschließung. Bereits die Partnerwahl hat mit Treue und Untreue zu tun. Motto: Wählen Sie Ihren Partner so, daß Sie Ihm treu sein wollen. Sich für einen Partner entscheiden bringt meist weniger Probleme, als unentschieden zwischen zwei Partnern hin und her zu schwanken, denen man beiden nicht wehtun möchte. Wenn Sie feststellen, daß Ihr Partner nicht zu Ihnen paßt, trennen Sie sich erst, bevor Sie einen neuen Partner suchen. Dies ist ehrlicher dem Partner und Ihnen selbst gegenüber.

Wichtige Einstellungen zu dem Thema Partnerschaft werden vor allem aus der Vorbildfunktion der Eltern gewonnen. Aber zusätzlich gehen auch die Vorstellungen über das Menschenbild ein, das zu der Zeit in der jeweiligen Gesellschaft Gültigkeit besitzt.

Ich: Die Fähigkeit, eine Partnerschaft einzugehen und zu erhalten, entsteht in der Lebensgeschichte des einzelnen Menschen, innerhalb seiner Erziehungsatmosphäre. Erfahrungen mit zwischenmenschlichen Beziehungen und die Möglichkeiten, seine individuellen Fähigkeiten zu entwickeln, prägen die Erwartungen an eine Partnerschaft. Der junge Mensch lernt am Vorbild der Eltern, wieviel Vertrauen er investieren darf, wie schnell er seine Gefühle vom Partner abziehen muß, um seine Ich-Stabilität nicht zu gefährden, wie intensiv er auf den anderen eingehen kann und muß. Entscheidenden Einfluß auf die Beziehungsfähigkeit des Jugendlichen haben vor allem die Einstellungen der Eltern zu Kontakt-Sexualität-Liebe. Daraus entstehen bestimmte Einstellungen und Erwartungen zu Nähe-Distanz-Intimität.

Du: Aus dem Vorbild des elterlichen Zusammenlebens im Alltag entwickelt der Jugendliche seine Wünsche und Bedürfnisse an eine Partnerschaft. Dabei wird gesellschaftlich ein Großteil der körperlichen, sexuellen und sozialen Bedürfnisbefriedigung auf den Bereich der Partnerschaft delegiert. Inhalte dieser Beziehungen sind vor allem Treue, Gerechtigkeit, Höflichkeit-Ehrlichkeit, Ordnung, Sauberkeit, Sparsamkeit, Geduld, Kontakt, Vertrauen und Liebe. Die Art, wie die jeweiligen Erwartungen und Verhaltensweisen dieser Inhalte zueinander passen, entscheidet nicht selten über die Zufriedenheit und Existenz einer Partnerschaft.

Wir: Die Spielregeln des menschlichen Zusammenlebens werden darüber hinaus entscheidend von den religiös-weltanschaulichen Wertsystemen der jeweiligen Gesellschaft mitbestimmt. Welchen Regeln der Partnerwahl bezüglich Nationalität, Rassenzugehörigkeit, sozialer Klasse, ökonomischer Besitzstand unterwerfe ich mich oder übergehe sie? Welche Rituale sind aus soziokulturellen Gegebenheiten zu beachten? Wieviel Mitspracherecht übt die Familie aus?

Ur-Wir: Die Partnerentscheidung geschieht vor dem Hintergrund der eigenen Lebensgeschichte, aber auch unter dem ganz konkreten fördernden oder hemmenden Einfluß der gesellschaftlichen und nicht zuletzt der religiösen Werthaltungen. Je nachdem, ob man in einer industriell oder landwirtschaftlich orientierten Gesellschaft oder in einem kapitalistischen oder sozialistischen System lebt, ob man als Deutscher, Amerikaner, Japaner oder Inder geboren wurde, ob man Buddhist, Moslem, Jude, Christ oder Baha'i ist, man ist beeinflußt von den Regeln, Riten und Normen der jeweiligen Lebensphilosphie. Dabei unterliegen wir gerade bei der Partnerwahl – oft ohne bewußte Entscheidungsmöglichkeit – bestimmten Geboten und Verboten, die zwar heute vielfältiger sind als in früheren Zeiten, aber dennoch als Konzepte oder Tabus große Tragweite haben.

Auf diesem Hintergrund ist es nötig, gerade in der sensiblen Lebensphase der Pubertät das Mißverständnis Sex – Sexualität – Liebe anzusprechen.

Das Mißverständnis Sex – Sexualität – Liebe

Sex ist die Fähigkeit, zu sich oder zu einem Partner eine geschlechtliche oder geschlechtlich motivierte Beziehung aufzunehmen und bezieht sich auf körperliche Eigenschaften und Funktionen.

Sexualität betrifft die Eigenschaften und Eigenarten, die zu Kriterien der Zu- oder Abneigung werden. Hier spielen die psychosozialen Normen (wie Ordnung, Sauberkeit, Pünktlichkeit usw.) eine entscheidende Rolle.

Fragen Sie sich: Wer von Ihnen ist sexuell aktiver? Haben Sie im Bereich der Sexualität Probleme? Gefällt Ihnen Ihr Partner körperlich? Welche Eigenschaften Ihres Partners mögen Sie, welche nicht? Hatten Sie bereits mit einem anderen Partner sexuelle Beziehungen, vermissen Sie ihn? Wann hatten Sie erstmals sexuelle Beziehungen? Wann haben Sie damit begonnen, sich selbst zu befriedigen? Was halten Sie davon? Welche Formen der Sexualität bevorzugen Sie? Wer hat Sie aufgeklärt? Wie war das Verhältnis Ihrer Eltern zur Sexualität?

Rat: Lerne zu unterscheiden zwischen Sex, Sexualität und Liebe.

Lerne auch über sexuelle Probleme und Wünsche zu sprechen.

Liebe bezieht den Träger dieser Eigenschaften, den man liebt, mit ein. Nicht, was er hat, sondern er selber wird geliebt.

Liebe ist somit die Fähigkeit zu einer positiven emotionalen Beziehung, die sich auf eine Reihe von Objekten in unterschiedlicher Gradabstufung richten kann.

Fragen Sie sich: Akzeptieren Sie sich selbst (Ihren eigenen Körper)? Wer von Ihnen ist mehr geneigt, den anderen Partner zu akzeptieren? Wollen Sie Ihren Partner am liebsten nur für sich allein haben? Fühlen Sie sich in einer größeren Gruppe geborgen oder bedrängt? Was bewegt Sie dazu, einem anderen Menschen etwas Gutes zu tun? Wurden Sie als Kind, Jugendlicher von Ihren Eltern akzeptiert? War man bei Ihnen zu Hause großzügig oder sparsam mit Zärtlichkeiten, Zuwendungen oder Liebesbeweisen?

Rat: Wenn Sie Ihren Partner lieben, verhalten Sie sich auch so, daß Sie geliebt werden? Wenn Sie sich so verhalten, daß Sie geliebt werden, sind Sie auch in der Lage, Liebe und Zärtlichkeit zu geben? Welche Fähigkeiten sind für Sie Kriterien dafür, ob Sie Ihren Partner akzeptieren und lieben können?

Beispiele: „Meine Mutter verabschiedet sich jeden Morgen mit einem Kuß von mir, das ist mir unangenehm. Ich bin doch kein Baby mehr." (13jähriger Junge)

„Mein Vater kapiert einfach nicht, daß ich nicht mehr von ihm abgeknutscht werden möchte!" (15jähriges Mädchen)

Die Partnerwahl umfaßt daher die Fähigkeit, den richtigen Partner zum richtigen Zeitpunkt und aus dem richtigen Grund zu finden und die Partnerschaft durch eine Balance zwischen Liebe und Gerechtigkeit harmonisch zu gestalten.

Hilfestellung für Kinder und Jugendliche in der Zeit der Pubertät können nur Erwachsene geben, die sich selbst mit den Fragen um Treue, Sexualtiät und Partnerschaft auseinandergesetzt haben. Der Anstoß zu einer Auseinandersetzung kommt in der Regel von den Jüngeren. Die Zeit der Pubertät und dieses Ablösungsprozesses bietet für alle Beteiligten eine große Chance zur Weiterentwicklung. Die Positive Psychotherapie bietet als Möglichkeiten für die Beratung in gegenseitigem Respekt an: Familiengruppe, Bestimmung der Konfliktinhalte durch das DAI, Problembewältigung in den fünf Stufen, Erkennen der Familienkonzepte an Hand des Konzeptstammbaums und vor allem das Bewußtmachen der Interaktions- und Erwartungsstadien.

Lebensweisheiten und Anekdoten

Liebe ist, voneinander gefesselt zu sein, aber nicht in Ketten zu liegen. (Lebensweisheit)

Partnerschaft bedeutet, liebevoll mit dem anderen verhandeln.

Mark Twain und sein Vater

Zu Mark Twain, dem amerikanischen Schriftsteller und dem Autor der Bücher *Die Abenteuer von Tom Sawyer und Huckleberry Finn*, kam einmal ein Siebzehnjähriger und erklärte: „Ich verstehe mich mit meinem Vater nicht mehr. Jeden Tag Streit. Er ist so rückständig, er hat keinen Sinn für moderne Ideen. Was soll ich machen? Ich laufe aus dem Haus." Mark Twain antwortete: „Junger Freund, ich kann Sie gut verstehen. Als ich siebzehn Jahre alt war, war mein Vater genauso ungebildet. Es war kein Aushalten. Aber haben Sie Geduld mit so alten Leuten. Sie entwickeln sich langsamer. Nach 10 Jahren, als ich 27 war, hatte er soviel dazugelernt, daß man sich schon ganz vernünftig mit ihm unterhalten konnte. Und was soll ich Ihnen sagen? Heute, wo ich 37 bin – ob Sie es glauben oder nicht – wenn ich keinen Rat weiß, dann frage ich meinen alten Vater. So können sie sich ändern."

Wenn der Blick in die Zukunft getrübt ist

Auf der Suche nach dem Sinn des Lebens

„Das Leben ist so vital, daß es sich den Tod als Dauereinrichtung leisten kann."
(Hans Hermann Kersten)

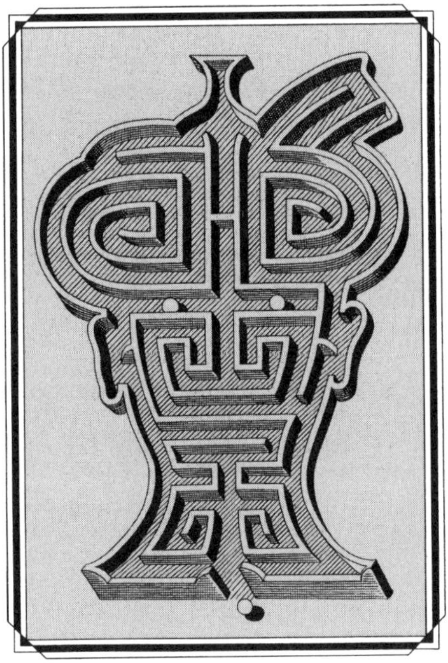

Bleibt wach!

In einer alten Legende wird von drei Teufelslehrlingen erzählt, die eines Tages auf die Erde kamen, um hier ihre Ausbildung abzuschließen. Sie unterhielten sich mit Satan, dem obersten der Teufel, über ihre Pläne, die Menschen in Versuchung zu führen und zu verderben. Der erste Lehrling sagte: „Ich werde den Menschen beibringen, daß es keinen Gott gibt." Satan entgegnete: „Damit wirst du nicht viele für uns gewinnen. Denn die meisten Menschen ahnen, daß Gott existiert. Sie haben eine

Neigung in ihrem Herzen, an Gottes Dasein zu glauben. Diese Neigung wirst du nicht leicht aus ihrem Herzen reißen können." Der zweite Lehrling sprach: „Ich werde den Menschen sagen, daß es keine Hölle gibt und daß sie für ihre Sünden keine Strafe zu fürchten brauchen." Satan erwiderte: „Auf diese Weise wirst du kaum jemand in die Irre führen. Kluge Menschen wissen längst, daß es eine Hölle gibt und daß jede böse Tat die ihr gemäße Strafe nach sich zieht!" Der dritte Lehrling erklärte: „Ich werde den Menschen einreden, daß man alles verschieben kann; daß es nichts gibt, was hier und jetzt getan werden muß." „Geh ans Werk," sprach der Satan, „du wirst Erfolg haben. Tausende wirst du betrügen und uns in die Arme treiben."

Siegfried Grän

Wo kommen wir her? Wohin gehen wir?

Phantasie und Zukunft sind Lebensbereiche, die über die unmittelbare Wirklichkeit hinaus reichen und Themen beinhalten, die wir als Sinn unseres Tuns und Sinn unseres Lebens bezeichnen. Das alles ist eng verknüpft mit dem Bedürfnis jedes Menschen, zu fragen: Wo kommen wir her und wo gehen wir hin? Intuition und Inspiration sind dafür die Mittel der Erkenntnis, die uns zu kreativen Gedanken und Handlungen anregen, um Konfliktlösungen zu finden.

Die Fähigkeit zur Phantasie entwickelt sich schon frühzeitig im Leben, zu einer Zeit, in der das Kind noch nicht zwischen Wirklichkeit und Vorstellung unterscheiden und klare Kausalbeziehungen herstellen kann. Phantasie entfaltet sich im Spiel. Der Verlauf der kindlichen Entwicklung wird davon beeinflußt, in welcher Weise *familiäre Konzepte* die Bereitschaft beinhalten, auf die Phantasie und ihre Inhalte einzugehen.

„Alles nur Hirngespinste." „Was interessiert mich die Wirklichkeit, wenn ich glücklich bin." „Gott sei Dank, daß mit dem Tod nicht alles vorbei ist." „Wunschlos unglücklich." „Kommt Zeit, kommt Rat."

Auf das Bedürfnis des Menschen, für sein Leben nach dem Sinn zu fragen, gehen die Religionen und Lebensphilosophien ein, denen allen gemeinsam ist, daß sie eine Beziehung zur fernen Zukunft herzustellen versuchen. Suche nach Sinn ist immer verbunden mit dem Sprung ins Ungewisse, dem Risiko des Unbekannten, der Last des Zweifels und der Hoffnung auf Entwicklung und Selbstfindung. Der treibende Impuls dazu ist die Neugier der Phantasie. Bei der

Suche nach einer Antwort dieser Menschheitsfragen wird es immer offensichtlicher, daß der Konflikt zwischen Religion und Wissenschaft durch einseitige Betonung der Ratio geschaffen wurde. Ernsthafte Wissenschaftler kommen heute zunehmend zu der Erkenntnis, daß Naturwissenschaft und Glaube an eine transzendente Macht kein Widerspruch ist. Schon Louis Pasteur sagte: „Ein wenig Wissenschaft entfernt uns von Gott, viel jedoch führt uns zu ihm zurück!"

Tatsache ist, daß der heutige Mensch den Theologen die Beantwortung der Sinnfrage nicht mehr zutraut und sich deshalb Sinnersatz in Form von Sekten oder Esoterik und Okkultismus sucht. Dabei hat sich gezeigt, daß gerade das Wort Religion vielen Mißverständnissen unterliegt. Die Begriffe „Religion" und „Glaube" führen häufig zu emotionalem Widerstand und intellektueller Abwehr und sind nicht nur im Alltag, sondern auch in der Psychotherapie tabuisiert. Gerade deshalb sind sie an der Dynamik vieler seelischer Konflikte beteiligt.

Wichtig ist aber, festzustellen, daß es sich bei dem **Mißverständnis Religion** nicht um eine religiöse Schwäche des modernen Menschen handelt, sondern um eine Schwäche, zwischen Glaube, Religion und Kirche zu unterscheiden.

◆ *Glaube*: Jeder Mensch hat die Fähigkeit zu glauben, denn jeder Mensch ist in der Lage, eine seelische Beziehung zum Unbekannten und zu einem unerkennbaren höheren Wesen (Schöpfer, Gott, Jehova, Ur-Energie) aufzubauen.

◆ *Religion*: Auf das Bedürfnis des Menschen, durch Glauben eine Haltung gegenüber dem Unbekannten zu gewinnen, sind seit jeher die Stifter von Religionen eingegangen. Religion ist demnach ein überindividuelles Phänomen, das eng mit der jeweiligen Kulturgeschichte und Zeitepoche verknüpft ist und Entwicklungen unterliegt, die sich vor allem darauf beziehen, in welcher Form sich die Glaubenswahrheit in der Religion offenbart. Das Kind glaubt die Inhalte, die ihm vermittelt wurden, deshalb hängt es von den Erziehern und den Erziehungstraditionen ab, zu welcher Religion sich ein Mensch bekennt.

Zur *erstrangigen Religion* zählt der geistige und transzendente Teil, der als Glaubenswahrheit das Wesen des Seins betrifft und unabhängig von Entwicklung ist.

Die *zweitrangige Religion* besteht dagegen aus Werten und gesellschaftlichen Normen, die sich entsprechend den kulturellen und gesellschaftlichen Entwicklungen verändern. Zu ihr gehören die Gebote und Verbote einer Religion.

Vergleicht man die Religion mit einer Frucht, so entspricht die erstrangige Religion dem Kern und dem Fruchtfleisch, während die zweitrangige Religion die Schale ist, die zusammenhält und nach außen abgrenzt.

◆ *Kirche*: Die Kirche ist dann die Institution der Religion, ihre Verwaltung und Organisationsform. Sie ist das Werkzeug für Religion und Glaube, neigt aber zur Verselbständigung gegenüber der Religion, was dazu führt, daß zeitbedingte religiöse Äußerlichkeiten, Riten und Dogmen oft wichtiger genommen werden als die Religionsinhalte. Es kommt zum Mißverständnis zwischen Form und Inhalt, die Schale der Frucht wird immer härter und verdeckt, daß im Innern das Fruchtfleisch austrocknet.

Merke: Lerne zu unterscheiden zwischen Glaube – Religion – Kirche.

Die Sinnfrage und das Glaubensbedürfnis des Menschen, sowie die notwendige Differenzierung zwischen Glaube – Religion – Kirche ist eng verknüpft mit den gesellschaftlichen Einstellungen und den familiären Traditionen zu den Aktualfähigkeiten Glaube, Zweifel, Gewißheit und Hoffnung. Durch die Vertiefung dieser Inhalte gewinnt der Betroffene nicht nur Einsicht in seine untergründigen Konfliktreaktionen, sondern reflektiert auch über Lebensfragen, die allgemein lieber ausgeklammert werden.

Glaube/Religion

ist die Fähigkeit, eine Beziehung zum Unbekannten und Unerkennbaren aufzunehmen und sich ihm schrittweise zu nähern, bis ein Teil dieses Unbekannten bekannt wird.

Der Glaube kann sich auf die eigenen Fähigkeiten und die der Mitmenschen richten, auf das noch Unbekannte und Erforschbare der Wissenschaften und das Unerkennbare der Religionen. Das Kind verfügt zunächst über einen absoluten Glauben. Später differenzieren sich die Glaubensinhalte; das Kind glaubt an die Zuwendung oder die Gerechtigkeit der Eltern. Über das Vorbild der Eltern lernt es eine Beziehung zum Unbekannten und Unerkennbaren aufzubauen und übernimmt die geschichtlich geprägten Formen des religiösen oder weltanschaulichen Glaubens.

Fragen Sie sich: Gibt es in Ihrer Partnerschaft Probleme wegen der Religion oder Weltanschauung? Wer von Ihnen ist religiöser? Glauben Sie an ein höheres Wesen? Glauben Sie an ein Leben nach dem Tod? Welcher religiösen Gemeinschaft gehören Sie an? Wie stehen Sie zur Kirche? Wer von Ihren Eltern war religiöser? Wie wurde die Religion zu Hause praktiziert (Gebet, Meditation, Riten)? Glauben Sie, daß Sie (Ihr Partner) sich noch weiter entwickeln und noch weitere Reserven erschließen können (kann)? Haben Sie für Ihre beruflichen und privaten Tätigkeiten feste Ziele?

Störungen: Aberglaube, Bigotterie, Glaubenskrise, Unglauben, Angst, Aggressionen, Nachahmungen, Resignation, Überforderung, Unsicherheit, Lebensangst, Stimmungsschwankungen, kollektiver Haß, Vorurteile, Fanatismus, religiöser Wahn.

Rat: Jeder Mensch, ohne Ausnahme, hat die Fähigkeit zu glauben.

Merke: Lerne zu unterscheiden zwischen Glaube, Religion und Kirche.

Zweifel

ist die Fähigkeit, einen Glauben in Frage zu stellen, Unterscheidungen zu treffen und Inhalte gegeneinander abzuwägen. Die Funktion des Zweifels, die sich auf einzelne Aktualfähigkeiten und weniger auf die gesamte Persönlichkeit bezieht, wird im Umgang mit den Bezugspersonen gelernt.

Fragen Sie sich: Worauf richtet sich Ihr Zweifel? Zweifeln Sie an Ihren eigenen Fähigkeiten? Haben Sie manchmal das Gefühl, nicht den richtigen Mann (die richtige Frau) zu haben? Haben Sie den Eindruck, nicht den richtigen Beruf ergriffen zu haben? Wäre es Ihnen lieber in eine andere Zeit, eine andere Umwelt und Gesellschaft hinein geboren zu sein? Kommt es vor, daß Sie an Ihrer Religion oder Weltanschauung zweifeln? Wer von Ihren Eltern war der größere Zweifler?

Störungen: Unsicherheit, Angst, Ambivalenz, Stimmungsschwankungen, Launen, Ungeduld, Ungewißheit, Entscheidungsschwäche, Ratlosigkeit, Selbstwertprobleme, Negativismus.

Rat: Zweifel ist nicht bloß als Schwäche zu werten, sondern ist eine wesentliche Funktion der zeitgemäßen Realitätskontrolle.

Gewißheit

ist die Fähigkeit, nach einem Zustand des Zweifelns Entscheidungen zu treffen, die keine Schuldgefühle mehr auslösen.

Der Mensch ist imstande, klar ja oder nein zu sagen und sich mit dieser Entscheidung zu identifizieren. Gewißheit meint darüber hinaus eine Qualität oder eine Intensität des Glaubens. Auch beim Kind finden sich Situationen des Zweifelns. Wenn es nach Nahrung schreit, weiß es nicht, ob jemand kommt, es zu füttern. Indem die Mutter sich ihm immer wieder zuwendet, entwickelt sich die Gewißheit: „Auch wenn meine Bedürfnisse nicht gleich erfüllt werden, werden sie doch bald befriedigt“.

Fragen Sie sich selbst: Haben Sie (Ihr Partner) bei Entscheidungen das Gefühl, daß das, was Sie tun richtig ist? Wie sicher fühlen Sie sich, wenn Sie (beruflich oder privat) eine Entscheidung treffen müssen? Wer von Ihren Eltern vermittelte eher das Gefühl von Sicherheit, Gelassenheit und Gewißheit? Wie verhielten sich Ihre Eltern, wenn Sie eine eigenständige Entscheidung trafen?

Störungen: Starrheit, Dogmatismus, Fixierung, Fanatismus, Abwehr, Ambivalenz, Schuldgefühle, Ungewißheit, Ängste, Mißtrauen, Hoffnungslosigkeit, Überforderung.

Rat: Die Kontrolle der Gewißheit, der Zweifel, ist eine menschliche Fähigkeit der Wirklichkeitsprüfung. In bezug auf welchen Inhalt empfinden Sie die Gewißheit: auf Treue, Ehrlichkeit, Gerechtigkeit, religiöse oder weltanschauliche Inhalte?

Hoffnung

ist die Fähigkeit, über den gegenwärtigen Moment hinaus positive Beziehungen zu den eigenen Fähigkeiten, zu denen des Partners und der Gruppe zu entwickeln. Wir hoffen in diesem Sinn, daß morgen, im nächsten Jahr oder in unbestimmter Zeit etwas geschieht, was uns einzelne Handlungen oder unser ganzes Leben sinnvoll erscheinen läßt. Positives Konzept von Hoffnung ist Optimismus, das negative Pessimismus. In ihrer Entwicklung hängt die Hoffnung von des Erfahrungen und Erlebnissen ab, die eine Mensch hatte, und von den Möglichkeiten, die ihm durch seine Umwelt in Aussicht gestellt wurden. Hoffnung als Beziehung zur Zukunft wird kontrolliert durch positive Erfahrungen und Enttäuschungen, die sich konkret auf einzelne Aktualfähigkeiten beziehen.

Fragen Sie sich: Wer von Ihnen ist optimistischer? Welche Pläne haben Sie für Ihr privates und berufliches Leben? Wie reagieren Sie (Ihr Partner), wenn Sie enttäuscht werden (Situationen)? In welchen Bereichen sind Sie besonders anfällig für Enttäuschungen (Situationen)? Haben Sie die Hoffnung, daß sich bei Ihnen oder Ihrem Partner alles zum Guten ändert (Begründung)? Wer von Ihren Eltern war optimistischer oder pessimistischer? Wie hat sich das geäußert?

Störungen: Hoffnungslosigkeit, Unzufriedenheit, Pessimismus, Resignation, Flucht in die Phantasie, passive Erwartungshaltung, naiver Optimismus, Lebensangst, Todesangst, Blockierung der Handlungsfähigkeit, Selbstmordabsichten.

Rat: „Jede dunkle Nacht hat ein helles Ende.“ Statt: „Ich kann doch nicht“, „Ich kann noch nicht.“ Unterscheide zwischen dem, was man ändern kann, und dem, was man ertragen lernen muß (Geburt, Tod, Vergangenheit). Trotz Hoffnung und genauester Planung bleibt ein unkalkulierbarer Rest.

Motto: Ich freue mich auf die erhoffte Zukunft, ich freue mich aber auch auf die Überraschungen!

Mit der Einstellung zu Hoffnung und Zukunft sollen hier nur kurz zwei wichtige Unterscheidungen angesprochen worden, die zur Lebensbewältigung beitragen.

Vom Schicksal gebeutelt – Das Mißverständnis des bestimmten und bedingten Schicksals

Bestimmt nennen wir ein unausweichliches Schicksal: Jeder Mensch wird geboren und stirbt, kein Weg führt an diesen Ereignissen vorbei.

Das bedingte Schicksal ist dagegen das Schicksal, das seine eigene Geschichte hat, vermeidbar gewesen wäre und einer Änderung zugänglich war oder ist.

Außer Geburt und Tod stehen alle Ereignisse unter dem Stern des bedingten Schicksals. Dabei hängt es von unserer Erziehung ab, welche Einstellungen wir zu uns selbst und zu unserem Schicksal entwickeln: „Ich bin und bleibe ein Pechvogel!" oder „Ich habe in dieser Situation Pech gehabt!"

Merke: Das bedingte Schicksal gibt einen Weg vor, den man wählen kann, aber nicht wählen muß. Damit liegt das Schicksal eines Menschen zum wesentlichen Teil in seiner eigenen Hand und während der Kindheit in der Hand seiner Eltern und Erzieher.

Besinnt man sich wieder auf den Kern der Religion, dann erkennt man, daß alle Religionen nicht nur die Sinnfrage stellen, sondern auch Antworten suchen und Vorstellungen anbieten zum Thema Tod und Leben nach dem Tode. Auch hier prägen Familientraditionen und das Kulturerbe einer Gesellschaft die Bilder und Vorstellungen dazu.

„Das Gute im Menschen wird erst begraben, wenn man ihn begräbt." (Gerhard Uhlenbruck)

Das Mißverständnis „Tod und Einstellung zum Tod"

In unserem Leben begegnen wir in vielfältiger Weise dem Tod. Wir müssen Abschied nehmen von Menschen, von Beziehungen, von Illusionen, von Lebensabschnitten. Aber erst, wenn wir den Verstorbenen näher kannten, sind wir emotional direkt betroffen. Unser Grad der Betroffenheit hängt außerdem davon ab, welche Erfahrungen wir mit dem Toten gemacht haben und welche Folgen sein Tod für uns hat.

Die Einstellung zum eigenen Tod

Betroffenheit durch den Tod uns nahe stehender Menschen macht sich auch deshalb breit, weil wir zwangsläufig an unseren eigenen Tod erinnert werden und uns dabei klar wird, wie viele Dinge wir in unserem Leben aufschieben, ohne zu wissen, ob es ein später überhaupt geben wird. Dazu kommt, daß unsere Vorstellungen, was im Tod mit uns geschieht an Grenzen stoßen.

Spricht man das Thema offen an, so stellt man fest, daß die meisten sagen: „Ich weiß ja, daß ich irgendwann tot bin, Angst habe ich eigentlich nur vor dem Sterben!“ Differenziert man diese Ängste dann weiter, so finden sich fast regelmäßig drei Themen: Angst vor Schmerzen, Angst, den Angehörigen durch Pflege zur Last zu fallen und Angst vor Alleingelassensein.

Todesangst bezieht sich letztlich auf die drei Entwicklungsdimensionen Körper – Umwelt – Zeit.

◆ Todesangst und Körper

Vor allem die Vorstellung, daß der Tod mit Schmerzen verbunden ist, wirkt angsterregend. Dies beruht auf der Tatsache, daß unsere Angst und unser Unbehagen mit unserer Einstellung gegenüber dem Körper und dessen Leiden verknüpft ist. In der Erziehung werden unsere Krankheitskonzepte geprägt, die sich wiederum auf unsere Einstellungen zum körperlichen Tod auswirken. Tod und Leid sind Wirklichkeiten unseres Lebens.

◆ Todesangst und Umwelt

In unserer Vorstellung ist Tod vor allem mit dem Funktionsausfall des Körpers verbunden. Sehr häufig begegnen wir aber auch der Tatsache, daß die Einstellungen zu bestimmten Aktualfähigkeiten und Verhaltensweisen vor allem in der Erziehung dazu benutzt werden, Angst vor dem Tod zu machen oder manchmal ihn auch herbeizuwünschen.

Beispiel: „Du bringst mich mit deiner Unordnung noch ins Grab!“

Tod wird in diesen Fällen als Ausweg aus Konfliktsituationen in Betracht gezogen. Je nach der Betonung wird die Einstellung zum Tod in Richtung Todeswunsch, Todesangst oder Indifferenz gegenüber dem Tod geprägt.

◆ **Todesangst und Zeit**
Einstellungen zum Tod entwickeln sich im Verlauf der Lebensgeschichte eines Menschen. Das Verhältnis zum Tod wird dabei nicht nur durch Erfahrungen aus der Vergangenheit und durch Erlebnisse der Gegenwart bestimmt, sondern vor allem durch Erwartungen an die Zukunft.

Konsequenzen: Das Thema „Tod" in der Erziehung
Die Einstellung zum Tod hängt ab von der Erziehung, der Tradition, der Religion, der Gesellschaft und den eigenen Lebenserfahrungen. Selbst wenn nicht offen über Tod gesprochen wird, werden doch durch die Verhaltensweisen der Erwachsenen im Kind bestimmte Vorstellungen geprägt. Und gerade weil das Thema Tod und Sterben bei den Erwachsenen viel Unsicherheit und Ängste auslöst, erleben Kinder den Verlust eines Menschen nicht nur als etwas Unfaßbares, sondern auch als eine Gefährdung der eigenen Persönlichkeit. Sehr nachdenklich sollte uns machen, daß zunehmend Beerdigungsinstitute in der Trauerbewältigung Aufgaben übernehmen, die früher den Religionen und Geistlichen zukamen.

Lebensweisheiten und Anekdoten

Der Tod ist kein Unglück für den, der stirbt, sondern für den, der überlebt. (Karl Marx)
Das Leben vergißt viele, der Tod keinen. (Hans Hermann Kersten)
Das Gute im Menschen wird erst ausgegraben, wenn man ihn begräbt. (Gerhard Uhlenbruck)
Die ewige Illusion, daß das Leben noch vor einem liege! Das Leben liegt immer hinter einem. (Wilhelm Raabe)
Bedenkt den eigenen Tod – den stirbt man nur. Doch mit dem Tod der anderen muß man leben. (Mascha Kaleko)
Wenn einer wirklich bei uns war und geht, dann ist er nicht vergangen. Dann ist er plötzlich anders da, nicht so im Hier und Jetzt gefangen. (Wilhelm Willms)

Flucht in die Phantasie

„Glück macht süchtig – Unglück macht tüchtig!“ (Gerhard Uhlenbruck)

Der Spiegel

Ein junger Samurai reiste im Gefolge seines Lehnsherren in die Hauptstadt und brachte bei der Rückkehr unter anderen Dingen für seine Frau einen Spiegel mit. Da sie noch nie einen solchen gesehen hatte und auch nicht wußte, wozu er dienen sollte, fragte sie ihren Mann, was man damit anfangen könne. Er lachte überlegen und forderte sie auf, ihn vor ihre Augen zu halten. Sie tat es, erblickte ein hübsches lächelndes Antlitz und fragte verwundert: „Wem gehört dieses schöne Gesicht?“ – „Oh, wie dumm du bist! Es ist doch dein eigenes“, antwortete der Mann. Da schämte sich die Frau wegen ihrer Unwissenheit und verbarg den Spiegel in ihrer Schublade. Nach vielen Jahren, als sie zu sterben kam, sagte sie zu ihrer Tochter: „Wenn ich tot bin, wirst du in der Schublade einen Spiegel finden. In den mußt du jeden Morgen hinein schauen, dann wirst du mich sehen, wie ich dereinst in jungen Jahren aussah. Sei deshalb nicht traurig, ich werde immer bei dir sein." Die Tochter hat Zeit ihres Lebens jeden Morgen in den Spiegel geblickt und immer geglaubt, sie unterhalte sich mit ihrer verstorbenen Mutter. Ist nicht die Gegenwart nur ein Schatten der Vergangenheit? aus Japan

Worin das Problem besteht

Konfliktverarbeitungsversuche im vierten Bereich erfolgen durch Aktivierung der Phantasie: man stellt sich einen gewünschten Erfolg vor oder bestraft seine Mitmenschen, auf die man Wut hat, in Gedanken. Auch sexuelle Phantasien finden in einer „Privatwelt" sogar Befriedigung. Vor allem dient die Phantasie aber der Abschirmung gegen Verletzungen und Kränkungen aus der Wirklichkeit. Oft verschafft man sich dazu noch eine angenehme Sphäre durch Alkohol oder Drogen. Schmerzliche Trennungen von einem Partner erscheinen dadurch ungeschehen. Phantasie kann aber auch beängstigen, projizierte Ängste aus der Wirklichkeit werden übermächtig; Phantasie und Wahrnehmung kann sich dabei so vermischen und zu Symptomen wie Wahnvorstellungen und Schizophrenie führen. Um die beängstigende dynamische Kraft der Phantasie zu bändigen, legen sich manche Menschen ein zwanghaftes Verhalten gleichsam als Korsett zu, um bedrohliche Phantasien im Zaum zu halten und sich vor unkontrollierten Gefühlsausbrüchen zu schützen.

Störungen im Bereich „Phantasie/Zukunft"

Im folgenden werden kurz Störungen im Bereich „Phantasie/Zukunft" durch Flucht in die Phantasie aufgeführt. Eine ausführliche Darstellung findet sich in meinem Buch *Psychosomatik und Psychotherapie.* Mit dem jeweiligen Krankheitsbild geben wir eine positive Deutung dieser Störung.

- **Schizophrenie**

Positive Deutung: Schizophrene haben die Fähigkeit, verbindliche Normen in Frage zu stellen und am Rande der Wirklichkeit zu leben.

- **Alkohol- und Drogenmißbrauch**

Positive Deutung: Suchtkranke haben die Fähigkeit, mit Hilfe der Droge ihre Konflikte vorübergehend erträglich zu machen. Außerdem haben sie die Fähigkeit, über das Gefühl innerer Wärme die Illusion der Geborgenheit zu erzeugen und durch die Lockerung von Hemmungen und Ängsten das Akzeptieren der eigenen Persönlichkeit zu erleichtern.

- **Suizid – Sich das Leben nehmen**

Positive Deutung: Die Fähigkeit, sein Leben in Frage zu stellen und den Standort zu wechseln.

Weitere Störungen können sein Realitätsfremdheit, Flucht in eine andere Welt durch Wahnbildung, Beziehungs- und Verfolgungswahn, sexuelle Vorstellungen, Befürchtungen aller Art.

Lebensweisheiten und Anekdoten

Ver-rückte sind sozialkritische Leute!
Vertraut werden ist die Basis des Vertrauenkönnens. (Fritz Riemann)
Alkohol löst Zungen, aber keine Probleme. (Werner Mitsch)
Viele suchen die Flucht, indem sie in die Sucht fliehen.
(Gerhard Uhlenbruck)

„Helfen Sie meinem Mann, Herr Doktor. Er ißt den ganzen Tag Äpfel.“
„Was ist daran so schlimm? Jeder gesundheitsbewußte Mensch ißt gern Äpfel.“ „Aber doch nicht von der Tapete.“

Der Neurotiker baut Luftschlösser – Der Psychotiker lebt darin – Und der Psychiater kassiert die Miete.
Wer sich eine Aufgabe gibt, gibt sich nicht auf! (Gerhard Uhlenbruck)
Auch wenn die Brücke bricht, bestehen die Ufer weiter.
(Stanislaw Jerzy Lec)
Der Suizid – Die letzte aller Türen! – Aber vorher sollten alle anderen Türen geöffnet worden sein.
Jede ausweglose Situation hat drei Auswege. (aus Bulgarien)

Ein Mann sitzt an der Theke einer Bar, trinkt einen Whisky nach dem anderen und redet vor sich hin: „Man lebt in einer komischen Welt. Man sitzt hier und trinkt, um die Sorgen mit seiner Frau zu vergessen. Kommt man dann nach Hause, sieht man sie sogar doppelt."

Eingemauert

Ein Betrunkener wankt nächtlicherweise durch die Straßen, tastend von einem Alleebaum zum anderen. Schließlich trifft er auf eine Wand. Fein. Sie wird ihn ein schönes Stück weiterbringen. Er darf nur den Kontakt mit ihr nicht verlieren. Und so tappt er mit beiden Händen dahin. Immer an der Wand lang ... Was er nicht weiß: Die Wand ist eine Litfaßsäule. Er umwandert sie vertrauensvoll. Endlos. Schließlich kommt er selbst darauf, daß er im Kreise geht. Da entringt sich seiner gequälten Brust ein Seufzer: „Eingemauert!"

Leo Wallner

Schwierige Freundschaft

Ein Hund und ein Pferd waren befreundet.
Der Hund sparte dem Pferd die besten Knochen auf, das Pferd legte dem Hund die duftigsten Heubündel vor. So wollte jeder dem andern das Liebste tun, aber keiner von beiden wurde satt.

Alte Fabel

wußten sie schon

wußten sie schon
daß die nähe eines menschen – gesund machen krank machen – tot und lebendig machen kann
daß die nähe eines menschen – gut machen böse machen – traurig und froh machen kann

wußten sie schon
daß das wegbleiben eines menschen – sterben lassen kann
daß das kommen eines menschen – wieder leben läßt
daß die stimme eines menschen – einen anderen menschen wieder aufhorchen läßt
der für alles taub war.

wußten sie schon
daß das anhören eines menschen wunder wirkt
daß das wohlwollen zinsen trägt
daß ein vorschuß an vertrauen hundertfach auf uns zurückkommt
daß tun mehr ist als reden wußten sie das alles schon

Wilhelm Willms

Vom ersten Schritt

✳

Wie die Positive Psychotherapie aus Krisen Chancen macht

Wie kann man verhindern, daß ein Mensch auf „die schiefe Bahn“ kommt?

Das darfst du nicht

„Das darfst du nicht“, sagte der Vater. Gläubig blickte der Kleine zu ihm auf und ließ es sein. „Dafür bist du zu klein“, erklärte die Mutter. Respektvoll zog er sich zurück. „Auch dies ist nicht gut“, erzog ihn der Vater. „Und jenes ist nicht recht“, erzog ihn die Mutter. „Wenn große Leute sprechen, sagen Kinder nichts“, ermahnte man ihn. Also schwieg er bescheiden. „Gib dich nicht so dumm!“ rügte der Lehrer. Und der Junge ließ das Fragen. „Er ist so linkisch und gar nicht gesprächig“, langweilten sich die Mädchen. Das munterte auch nicht auf. „Sitz nicht im Haus herum!“, rügte der Vater. „Was suchst du auf der Straße?“ rügte die Mutter. „Er scheint mir verklemmt“, meinte der Arzt. „Verschlossen“, sagte der Lehrherr. „Verträumt. Was soll aus ihm werden?“ „Kann ich nicht brauchen“, urteilte der Chef. „Vergrämt mir die Kundschaft. Spricht kaum. Keinen eigenen Kopf. Fragt aber auch nichts. Seltsamer Kauz!“ „Organisch gesund!“ sagte der Arzt. „Und war so ein hübsches Kind“, flüstern die Nachbarn. „Alles kümmerte sich um ihn: die Familie, die Schule, nichts fehlte ihm. Aber er wird mit dem Leben nicht fertig. Die armen Eltern!“

Theo Schmich

Lehrfach „Erziehung“

Erst wenn Erziehungsprobleme oder Störungen und Krankheiten bei Kindern auftreten, stellen die Eltern Fragen und suchen sich Hilfe zur Problembewältigung. Dabei wird immer wieder deutlich, daß auf Schule und Ausbildung großer Wert gelegt wird, aber niemals in den Lehrplänen das Fach „Elternschaft und Familie“ auftaucht.

Die Herzensbildung

Die Primärphase der Erziehung ist die „Herzensbildung“. Über die vier Bereiche der Liebesfähigkeit erfährt das Kind durch das Vorbild der Eltern die Beziehung zu sich selbst – **Ich** –, zu einem Partner – **Du** –, zu anderen Menschen in der Umwelt – **Wir** – und zu religiösen Fragen und Weltanschauungen – **Ur-Wir.** Darüber lernt das Kind die Ausprägung der primären Aktualfähigkeiten und die geltenden Familienkonzepte kennen. Ziel der Erziehung der Primärphase ist es, *Lebensfähigkeit* zu entwickeln.

Probleme treten da auf, wo Eltern selbst keine Ordnung in ihre vier Bereiche der Liebesfähigkeit bringen konnten. Meist hat man kein oder nur ein einseitiges Lebenskonzept.

Stellen Sie sich als Eltern oder Erzieher die folgenden Fragen:
Welche Beziehung habe ich zu meinen Kindern aufgebaut?
Habe ich jemanden in der Geschwisterreihe bevorzugt?
Welches Bild von Ehe und Partnerschaft habe ich meinen Kindern vermittelt?
Rede ich gut über meine Mitmenschen?
Welches Weltbild habe ich und lebe ich danach?

Probleme und Störungen zeigen sich inhaltlich in den Mustern der erworbenen Tugenden (primären Aktualfähigkeiten):
Werde ich schnell ungeduldig?
Nehme ich mir Zeit für mein Kind?
Habe ich Vertrauen/Zutrauen zu ihm?
Welche Hoffnungen setze ich in das Kind?

Die Ausbildung

Auf der Basis der Bildung erfolgt dann die weitere Erziehung im Sinne der Ausbildung. Im Mittelpunkt stehen dabei die vier Bereiche der Erkenntnisfähigkeit. Wiederum aus dem Vorbild der Eltern, aber auch der sozialen Umwelt lernt das Kind den Umgang mit dem Körperbereich, die Einstellungen zu Arbeit und Leistung, Interaktionen mit anderen Menschen (Kontakt) und das Bemühen um eine sinnvolle Zukunftsgestaltung kennen. Hilfestellung geben dabei die sekundären Aktualfähigkeiten, die als Normen der Gesellschaft anerkannte Verhaltensweisen vorgeben und als Orientierungskriterien dienen. Erziehungsziel ist dabei, eine Lebenstüchtigkeit zu erreichen.

Stellen Sie sich als Eltern oder Erzieher die folgenden Fragen:
Welche Einstellung zum Körper haben Sie vorgelebt?
Wie gehen Sie selbst mit ihrem Körper um?
Wie behandeln sie ihn, wenn er krank ist?
Welche Einstellung haben Sie zur Arbeit und zu ihrem Beruf?
Können Sie auch entspannen und genießen?
Welches Vorbild geben Sie ihren Kindern im Umgang mit fremden Menschen? Reserviert? Kontaktfreudig? Neugierig? Feindselig?
Setzten Sie sich selbst mit Sinnfragen auseinander und geben ihren Kindern eine religiöse Erziehung?

Kommt es zu Problemen und Störungen sollten die Inhalte der Konflikte und Mißverständnisse an Hand der Muster der Sekundärnormen bestimmt werden:
Welches Vorbild gebe ich und welche Erwartungen habe ich bezüglich Ordnung, Sauberkeit, Pünktlichkeit, Sparsamkeit, Gehorsam, Höflichkeit, Ehrlichkeit usw.

Strategien zur Konfliktlösung

Erziehung bedeutet aber auch, daß ich dem Kind Wege und Möglichkeiten beibringe, Probleme und Überraschungen im Leben zu bewältigen. Es ist nicht Aufgabe der Eltern, den Kindern alle Schwierigkeiten aus dem Wege zu räumen, sondern ihnen Strategien zur Konfliktlösung an die Hand zu geben. Mit den „5 Stufen der Konfliktverarbeitung“ der Positiven Psychotherapie kann man Kindern eine universell anwendbare Selbsthilfestrategie beibringen, so daß sie eigenständig und selbstverantwortlich handeln lernen.

Denn Erziehen heißt:

Einem Kind das Fischen beizubringen, anstatt es nur mit einem Fisch zu füttern!

Konsequenz: Erst aus dem Zusammenspiel von Lebensfähigkeit und Lebenstüchtigkeit entsteht eine tragfähige Basis, auf der ein Kind seine Selbsthilfepotentiale zur Verarbeitung von Krisen einsetzen kann und seine Chancen realistisch nutzen lernt.

Das Vorbild der Eltern

Eltern und Erzieher können selbst die Weichen stellen, ob ein Kind lebensfähig und lebenstüchtig wird oder ob es auf „die schiefe Bahn" gerät. Die folgende Sammlung von Elternzitaten, kommentiert im Sinne Positiver Psychotherapie, gibt Ihnen die Möglichkeit die Herausforderungen und das Glück, das Kinderseelen schenken, zu sehen.
Denn: Wer ein Kind hat, hat ein Licht in seinen Augen. (Orientalische Weisheit)

◆ „Hör endlich auf mit deinen ständigen Fragen, ich kann's nicht mehr hören."
- Beantworte die Fragen deines Kindes geduldig, denn es lernt dadurch.

◆ „Wenn du jetzt nicht artig bist, dann erzähle ich dem Besuch wie deine letzte Mathearbeit ausgefallen ist."
- Vermeide unbedingt, dein Kind in Gegenwart Dritter bloßzustellen oder zu demütigen.

◆ „Sollen die Kinder doch ruhig mitkriegen, was ich von dir denke."
- Trage Meinungsverschiedenheiten mit dem Partner nicht vor deinen Kindern aus, sie werden sonst stark verunsichert.

◆ „Meine Eltern haben sich überhaupt nicht um eine religiöse Erziehung gekümmert. Sie meinten, das können die Kinder später selbst entscheiden. Ich habe mich vor fünf Jahren taufen lassen. Meinen Kindern zeige ich zumindest einen Weg; später können sie sich immer noch dafür oder dagegen entscheiden."
- Gib deinem Kind eine religiöse Erziehung und kümmere dich nicht nur um seine körperlichen Bedürfnisse wie Nahrung und Kleidung.

◆ „Mein Mann schimpft bei Tisch vor den Kindern ständig über die Politiker und die Beamten; dabei bin ich selbst eine beamtete Lehrerin."

- Äußere dich in Gegenwart deines Kindes respektvoll über andere Berufsgruppen und vermeide Vorurteile über Politiker, Beamte, Polizei und „die Frauen".

◆ „Meine Tochter kann ruhig mitbekommen, was ich von meiner Schwiegermutter halte."
- Vermeide es, über Angehörige in Gegenwart von Kindern schlecht zu reden.

◆ „Mit deinen Problemen mußt du schon alleine klar kommen; ich hätte auch sowieso keine Zeit! Als ich so alt war wie du, bin ich auch mit einem Schlüssel um den Hals rumgelaufen."
- Gib deinem Kind Gelegenheit, seine Wünsche und Pläne, aber auch seine Schwierigkeiten mit dir zu besprechen. Du gewinnst nur sein Vertrauen und seine Zuneigung, wenn du dir Zeit nimmst.

◆ „Auch ein Baby muß lernen, sich an seine Zeiten zu halten; wo kämen wir denn hin, wenn es bei jedem Weinen gleich hochgenommen würde."
- Zeige deinem Kind oft deine Zuneigung, es wird dadurch nicht verweichlicht.

◆ „Ich habe ja auch Mitleid mit den Asylanten, aber müssen sie denn ausgerechnet Schwarze in unserem Dorf einquartieren."
- Lehre dein Kind Toleranz gegenüber anderen Menschen, Rassen und Mitgliedern fremder Religionen. Jeder Urlauber ist auch ein Fremder im Urlaubsland.

◆ „Wenn ich dir etwas sage, hast du das sofort zu machen und zwar ohne wenn und aber."
- Dein Kind gehorcht eher, wenn du ihm etwas Zeit läßt und deine Anordnungen begründest.

◆ „Kinder in der Pubertät muß man hart anfassen, damit sie gleich merken, wer der Herr im Hause ist."
- Behandle dein heranwachsendes Kind als gleichwertigen Gesprächspartner und zeige ihm den gleichen Respekt wie einem Freund.

◆ „Nörgel nur weiter ständig an deiner Tochter rum, dann wirst du sie am schnellsten aus dem Haus treiben."
- Sorge durch Heiterkeit und Humor für eine gute häusliche Atmosphäre, anstatt die Familie zum Austragungsort schlechter Laune zu machen.

- ◆ „Du kannst nicht erwarten, daß du uns immer nur wie eine Kuh melken kannst; vergiß niemals, wem du das Dach über dem Kopf verdankst."
- • Erziehe dein Kind mit der richtigen Dosis an Liebe und Gerechtigkeit.

- ◆ „Davon weiß ich aber nichts; kann gar nicht sein, daß ich dir versprochen hätte, dich zu der Party zu fahren."
- • Mach deinem Kind nur Versprechungen, die du auch bereit bist zu halten.

- ◆ „Ich kann nicht dauernd mit dir spielen, wozu hast du denn sonst das ferngesteuerte Auto bekommen."
- • Zeige deinem Kind lieber, wie es phantasievoll mit Bauklötzen spielen kann, anstatt es mit teuren Spielsachen ruhig zu stellen.

- ◆ „Mein Kind bekommt kein Taschengeld; ich bezahle ihm alles."
- • Gib deinem Kind eine angemessene Summe Taschengeld, mit der es haushalten lernen kann und ein Stück Selbständigkeit üben kann.

- ◆ „Das nächste Mal schlag ich dich windelweich, wenn du nochmals beim Stehlen erwischt wirst."
- • Versuche deinem Kind ruhig zu erklären, was du an seinem Verhalten auszusetzen hast.

- ◆ „Wenn mein Sohn was ausgefressen hat, weiß ich schon im voraus, daß er nur Ausreden auf Lager hat; der lügt wie gedruckt."
- • Versuche mit deinem Kind die Ursachen seiner Unwahrhaftigkeit zu klären.

- ◆ „Ich verbiete dir, deine schlampigen Freunde nochmals mit nach Hause zu bringen; wer soll den Saustall denn immer aufräumen."
- • Wenn du wissen willst, wo und mit welchen Freunden dein Kind seine Freizeit verbringt, lade sie nach Hause ein. Lieber etwas Unordnung, als daß es sich draußen herumtreibt.

- ◆ „Wofür sind denn Kindergarten und Schule da, die werden dir schon Benimm beibringen."
- • Nimm deine Erziehungsverantwortung ernst, denn du bist für die körperliche und seelische Entwicklung deines Kindes verantwortlich.

Der Regenmacher

In einem Dorf hatte es lange nicht geregnet. Alle Gebete und Prozessionen hatten nichts genützt, der Himmel blieb verschlossen. In der größten Not wandte sich das Dorf an den Großen Regenmacher. Er kam und bat um eine Hütte am Dorfrand und um Brot und Wasser für fünf Tage. Dann schickte er die Leute zu ihrer täglichen Arbeit. Am vierten Tag regnete es. Die Menschen kamen jubelnd von ihren Feldern und Arbeitsplätzen und zogen vor die Hütte des Regenmachers, um ihn zu feiern und nach dem Geheimnis des Regenmachens zu fragen. Er antwortete ihnen: „Ich kann keinen Regen machen". „Aber es regnet doch", sagten die Leute. Der Regenmacher erklärte ihnen: „Als ich in euer Dorf kam, sah ich die äußere und innere Unordnung. Ich ging in die Hütte und brachte mich selber in Ordnung. Als ich in Ordnung war, kamt auch ihr in Ordnung; und als ihr in Ordnung wart, kam auch die Umwelt in Ordnung. Und als die Umwelt in Ordnung war, hat es geregnet."

Eine Geschichte auf den Weg (nicht nur für Kinder und Jugendliche)

Jugend

Jugend ist nicht ein Lebensalter – sie ist eine Verfassung des Geistes, eine Stimmung des Willens, die Beschaffenheit der Ideen, die Lebenskraft des Gemütes, eine Vorherrschaft des Mutes über die Ängstlichkeit, der Lust zum Abenteuer über die Neigung zur Bequemlichkeit.

Niemand wird alt nur durch die Reihe der Jahre; alt werden wir nur, wenn wir unsere Ideale aufgeben. Jahre fälteln die Haut; gibt man aber die Begeisterung auf, so zerknittert die Seele. Verdruß und Zweifel, Selbst-Mißtrauen, Furcht und Verzweiflung – dies sind die langen, langen Jahre, die uns den Kopf beugen und den strebenden Geist hinab in den Staub wenden.

Ob siebzig oder siebzehn: in jedem lebendigen Herz lebt die Liebe zum Wunder, das entzückte Staunen zu den Sternen, zu den sternenhaften Dingen und Gedanken und zur furchtlosen Begegnung mit den Ereignissen; es lebt das unstillbare, kindhafte Verlangen nach dem nächsten Neuen, nach der Freude und dem Spiel des Lebens.

Du bist
so jung wie dein Glaube und so alt wie dein Zweifel,
so jung wie dein Selbstvertrauen und so alt wie deine Angst,
so jung wie deine Hoffnung und so alt wie deine Verzagtheit.

Liegen deine Sinne und Fühler danieder, ist die Mitte deines Herzens bedeckt mit dem Schnee des Pessimismus und dem Eis des Zynismus, ja, dann bist du wirklich alt geworden und Gott möge deiner Seele gnädig sein.

So lang aber dein Herz die Botschaften der Schönheit, der Freude, des Mutes, der Größe und der Macht verspürt, die von der Erde, den Menschen und vom Unendlichen ausgehen,

So lang bist du jung.

Literaturverzeichnis

Battegay, R.: Grenzsituationen. Fischer TB, Frankfurt a. M. 1992

Benedetti, G.: Die umweltbedingten Depressionen, in: Zeitschrift für Positive Psychotherapie, Wiesbaden, Heft 6, 6. Jahrgang 1984

Boessmann, U. und Peseschkian, N.: Positive Ordnungstherapie – Gebrauchsanleitung für die ganzheitsmedizinsche Praxis. Hippokrates Verlag, Stuttgart, 1995

Peseschkian, N.: 33 und eine Form der Partnerschaft. Fischer TB, Frankfurt a. M. 1988

Peseschkian, N.: Auf der Suche nach Sinn. Fischer TB, Frankfurt a. M. 1983

Peseschkian, N.: Das Geheimnis des Samenkorns; Positive Streßbewältigung. Springer, Berlin, Heidelberg, 1996

Peseschkian, N.: Der Kaufmann und der Papagei. Fischer TB, Frankfurt a. M. 1969

Peseschkian, N.: Positive Psychotherapie. Fischer TB, Frankfurt a. M. 1977

Peseschkian, N.: Psychosomatik und positive Psychotherapie, Springer, Berlin, Heidelberg 1991

Remmers, A.: Rauchen – Psychotherapeutische Aspekte, in: Zeitschrift für Positive Psychotherapie, Wiesbaden, Heft 16, 15. Jahrgang, 1994

Remschmidt, H.: Adoleszenz, Entwicklung und Entwicklungskrisen im Jugendalter. Thieme, Stuttgart, New York, 1992

Röthke, H.: Positive Suchttherapie. Zeitschrift „Der Naturarzt“, Königstein/Taunus 1996

Uhlenbruck, G. / Skupy, H.-H. / Kersten, H.-H.: Ein gebildeter Kranker; Trost- und Trutz-Sprüche für und gegen Ängste und Ärzte. Gustav Fischer, Stuttgart, New York, 1981

Verzeichnis der Geschichten